500 kreative Weihnachtsideen

500
kreative Weihnachtsideen

Dekorieren • Gestalten Schenken

Inhalt

Das Fest der Feste 6

Geschenkideen 8

Stilvoll verpacken 48

Festtagsgrüße 80

Baumschmuck 112

Festlich dekorieren 144

Adventsfloristik 174

Tafelschmuck 206

Lichterglanz 238

Für die Kleinsten 270

Last Minute 294

Das Fest der Feste

Hier bekommen Sie Lust auf Weihnachten! Die Advents- und Weihnachtszeit bringt die zauberhaftesten Momente des Jahres mit sich. Geheimnisvolle Geschäftigkeit, strahlende Kinderaugen und der Duft von Plätzchen und Stollen gehören genauso unabdingbar zum Fest der Feste wie ganz individuelle Weihnachtstraditionen. Jedes Jahr braucht man viele gute Ideen, um jedem Familienmitglied einen persönlichen winterlichen Gruß zu senden, jede Geschenkverpackung zu einem Einzelstück zu machen und jeden Raum durch festliche Dekorationen weihnachtlich zu gestalten. Die schönsten Inspirationen finden Sie hier. Für alle, die bei diesem großen, viel Freude bereitenden Unterfangen ein wenig Hilfe suchen, ist dieses Buch der perfekte Begleiter. Gestalten Sie wunderschönen Baumschmuck und herrliche Tischdekorationen, versenden Sie liebevoll gebastelte Grußkarten und schmücken Sie Ihr Heim mit natürlich-schönen Adventsgestecken – all diese und viele weitere kreative Ideen warten in unserem Fundus auf Sie. Mit diesen 500 Tipps und Tricks wird ein idyllisches Weihnachtsfest zum Kinderspiel!

Geschenkideen

Der Wunschzettel ans Christkind ist geschrieben, der Nikolaus-Strumpf hängt am Kamin – die Geschenke können kommen! Doch was tun, wenn man selbst in der Rolle des Schenkenden ist, und der zündende Gedanke fehlt? Anders als bei Geburtstagen, die ja über das Jahr verteilt liegen, müssen an Weihnachten an einem einzigen Tag Überraschungen für alle Lieben gefunden werden – keine leichte Aufgabe! Aber keine Sorge: In diesem Kapitel finden Sie Anregungen für ganz persönliche Geschenke, die Sie selbst herstellen und nach Lust und Laune variieren können. So entstehen kleine, stimmungsvolle Kostbarkeiten, die dem Beschenkten viel Freude machen und die Sie schon während sie entstehen auf die schönste Zeit des Jahres einstimmen!

1 ENGELSGLEICH
Verbinden Sie das Schöne mit dem Nützlichen: Hier ist schon der Adventskalender selbst ein himmlisches Geschenk! Verzieren Sie 24 kleine Papiertäschchen mit weiß-gefiederten Engelsflügeln und kleben Sie Zahlen auf – dann kann Ihr Adventskalender befüllt werden! Sie können Klebezahlen verwenden, so ist Ihr Kalender im Handumdrehen fertig. Wenn Sie etwas mehr Zeit haben, bemalen Sie Holzzahlen mit goldener Farbe und machen Sie durch kleine Verzierungen Unikate daraus. Schon haben Sie einen zauberhaften Adventskalender für Ihre beste Freundin.

2 NAHRHAFT
Auch Vögel sind Genießer! Sammeln Sie auf dem nächsten Spaziergang große Kiefernzapfen. Tauchen Sie diese in erwärmtes Palmfett und wälzen Sie die Zapfen dann in Körnerfutter für Vögel. Trocknen lassen und mit einem schönen Band ans Balkongitter hängen.

UNERREICHT Geschenke aus der Küche wie Chutney, Curd oder Marmelade schmecken unvergleichlich gut und sind bei jedermann beliebt. Verschenken Sie doch einfach eine Eigenkreation und hängen Sie das Rezept gleich an.

EISWEISS Eine besonders süße Geschenkidee ist diese winterliche Schachtel Pralinen! Schneiden Sie ein Eiszapfenmuster in ein Stück Filz und überziehen Sie damit den Rand einer Spandose. Füllen Sie nun die kleinen Leckereien ein. Der Beschenkte wird begeistert sein! Wenn Sie die Dose besonders festlich gestalten wollen, können Sie auf jeden Eiszapfen einen farblich zu Ihrem Filz passenden Schmuckstein kleben, der funkelt wie ein Eiskristall.

6 KUSCHELIG Wenige Handgriffe lassen schlichte Kissenbezüge zu großen Geschenkpaketen werden. Nähen Sie einfach rote Bänder darauf, die Sie abschließend zu einer Schleife binden. So können Sie Fürsorglichkeit schenken: Mit diesen wunderschönen Kissen und einer warmen Kuscheldecke wird die heimische Entspannungsstunde zum Wellnessurlaub für zwischendurch.

5 VERSCHNÜRT Aus weißem Alltagsgeschirr werden blitzschnell die schönsten Unikate: Mit Porzellanstiften ein Frühstücksset aus Becher, Teller und Müslischale bemalen, die Farbe wird im Ofen fixiert. Umweltbewusste sparen die Geschenkverpackung und wählen sie stattdessen als Motiv.

8 **MUSIKALISCH** Weihnachten ist das Fest der Sinne! Eine CD mit modernen Weihnachtssongs oder klassischen Melodien zum Fest bringt dem Beschenkten viel Freude! Basteln Sie dazu eine weihnachtliche CD-Hülle: Schneiden Sie Kreise aus Filz aus, verzieren Sie den Rand mit rotem Stickgarn und setzen Sie einen kleineren Kreis aus Karostoff in die Mitte. Ganz oben platzieren Sie einen weißen Fellpausch und ein lustiges Nikolausgesicht – fertig ist die individuelle CD-Hülle!

7 **LECKER** Um gleich auf das oppulente Weihnachtsessen oder den gemeinsamen Schlemmerbesuch auf dem Weihnachtsmarkt einzustimmen, verzieren Sie Ihre Einladungskarte mit einem Messer und einer Gabel. So können Sie originell zum großen Festschmaus einladen!

10 LEUCHTEND Kaufen Sie kleine durchsichtige Glaswindlichter und verschönern Sie sie mit einem Filzmantel. Verwenden Sie für die Windlichthüllen grobe Wolle, da diese beim Filzen nicht so dicht wird und so das Kerzenlicht noch durchscheinen kann. Gerade ältere Menschen, die ungern eine große, offen brennende Kerze anzünden, werden sich über diese kreative Windlichtvariante freuen.

9 WOHLRIECHEND Nutzen Sie die vielen typischen Düfte der Weihnachtszeit für Ihre ganz persönliche Aromakur: So wirkt Zimt wärmend und belebend, Weihrauch entspannend und Anis krampflösend und anregend. Sie können diese Düfte genießen, wenn Sie eine Duftlampe anzünden oder ein Schaumbad mit einem wohlriechenden Badezusatz nehmen. Duftöle eignen sich auch als kleine Aufmerksamkeiten! Oder füllen Sie angenehm Duftendes in kleine Organza- oder Satinbeutelchen und verschenken Sie sie an gute Freundinnen.

ORIENTALISCH Filz ist ein idealer Begleiter für kalte Wintertage. Wer möchte nach einem frostigen Tag nicht in kuschelig-warme Filzpantoffeln schlüpfen? Aber auch die Verbindung zwischen wärmenden Pantoffeln und warmem Licht – wie bei dieser Filzlichterkette – wird zu einem stimmungsvollen Ensemble. Arbeiten Sie beide Elemente in zueinander passenden Farben und verwenden Sie die gleichen Perlen oder Pailletten – so können Sie ein wunderschön abgestimmtes Wohlfühlpaket verschenken.

12 GESELLIG Sie suchen das perfekte Weihnachtsgeschenk für eine Spielernatur? Dann ist diese Zusammenstellung bestimmt das Richtige: Besorgen Sie einige lustige Minispiele oder das liebste Gesellschaftsspiel des Beschenkten. Füllen Sie leckere Nüsse oder andere haltbare Knabbereien in hübsche Zellophan-Tütchen um und verzieren Sie diese mit roten und grünen Schleifen. Dazu eine Flasche Schnaps und einige Gläser, und der Spieleabend kann beginnen!

13 HERZHAFT Ein Geschenk für eine weibliche Naschkatze zu finden ist nicht schwer – was aber tun, wenn der Beschenkte ein Mann ist und mit Nougat, Trüffelpralinen und Marzipan nicht viel am Hut hat? Schenken Sie in diesem Fall eine herzhafte Alternative: Selbstgemachte Antipasti bringen einen Hauch von Dolce Vita in kalte Wintertage und lassen Männerherzen höher schlagen.

14 GENUSSVOLL Viele Männer sind zwiegespaltene Naturen, das sollte man sich bei der Suche nach Geschenkideen zunutze machen! Verschenken Sie doch einen Gutschein für einen Ausflug ins Thermalbad – dort kann Mann seine sportliche und seine entspannungsbedürftige Seite vereinen!

15 MÄNNLICH Wann war denn der letzte Herrenabend? Stellen Sie doch ein nettes Paket für einen Abend zusammen, den Ihr Liebster mit seinen Freunden verbringen kann. Damit liegen Sie bestimmt goldrichtig: Füllen Sie eine runde Holzbox mit Rindenmulch oder Holzwolle. Arrangieren Sie darin eine Flasche mit Whisky, Obstbrand oder Likör – je nach Geschmack des Beschenkten – und einige edle Zigarren. Fügen Sie noch zum jeweiligen Getränk passende Gläser hinzu, und der Empfänger wird begeistert sein!

17 GEMÜTLICH Diese Zusammenstellung von kleinen Aufmerksamkeiten ist für jede Leseratte ein Schatz! Das Wohlfühlset für Ihre beste Freundin könnte so aussehen: eine Kuscheldecke, eine kleine Klemmleselampe und zwei Teegläser mit Teelichtern. Dazu packen Sie noch eine Tafel edler Schokolade in der Lieblingssorte der Beschenkten und eine Zeitschrift, die sie gerne liest – und schon kann der Lesespaß beginnen.

16 SAUBER Gerade in der Weihnachtszeit sind viele kleine Köche und Bäcker in der Küche zu finden. Kaufen Sie eine Kinderschürze und ein großes Ausstechförmchen, zum Beispiel einen Pfefferkuchenmann. Legen Sie die Ausstechform auf die Schürze und malen Sie die Form mit brauner Textilfarbe aus. Entfernen Sie das Förmchen und lassen Sie die Farbe gut trocknen, bevor Sie Details wie Knöpfe und das Gesicht aufmalen. Sie können die Farbe z. B. durch Bügeln fixieren – richten Sie sich einfach nach den Herstellerangaben. So entsteht das perfekte Weihnachtsgeschenk für einen kleinen (oder großen) Bäcker!

GESELLIG Verschenken Sie einen gemütlichen Nachmittag bei Tee und Weihnachtsplätzchen! Um Ihre Gäste einzustimmen, können Sie auf diese nette Einladung zurückgreifen: Verpacken Sie selbst gemachte Plätzchen in einem Zellophan-Tütchen und verschließen Sie es mit Goldband. Kleben Sie ein kleines, helles Tonpapieroval auf ein größeres in Rot und schreiben Sie Ihren Einladungstext auf das helle Oval. Verzieren Sie Ihr Kärtchen mit einem Weihnachtsmann-Motiv. Lochen Sie es und befestigen Sie es mit einem weiteren Band an der Zellophan-Tüte.

NASCHHAFT Auf jeden Fall freuen sich fleißige Bäcker über ein Geschenkpaket, das zu ihrem Hobby passt. Kaufen Sie eine besonders große Tasse und verteilen Sie auf der Unterseite der Tasse einen Ring Klebeknete. Drücken Sie die Tasse auf der Untertasse fest und füllen Sie sie mit Seidenpapier. Arrangieren Sie Backutensilien wie Pinsel, Schaber und Schneebesen in der Tasse. Dazu noch etwas Zucker und Mehl, in hübschen Zellophan-Tütchen verpackt – bestimmt werden Sie bald leckere Plätzchen und Stollen probieren können, wenn Sie den so Beschenkten besuchen!

20 NORWEGISCH Das Norwegermuster ist wieder im Trend und bietet sich darum in vielen Varianten als Geschenkgrundlage an! Diese Geschenkidee verbindet das Schöne mit dem Nützlichen: Stricken Sie Socken mit dem tollen Muster – und Sie erfüllen gleich mehrere Wünsche einer wärmebedürftigen, modebewussten Freundin. Das sind „Laufmaschen", die sie lieben wird!

21 GERÄUMIG Jeder hat sehr viel zu verstauen – und vor allem die Weihnachtszeit bringt viele kleine Dinge mit sich, die untergebracht werden müssen. Verschenken Sie einen Ordnungshüter, der auch noch sehr chic aussieht: Kaufen Sie Holzkästchen mit mehreren Schubladen. Bemalen Sie sie bunt mit Acrylfarbe und lassen Sie sie gut trocknen. Muster können Sie mit einem dünnen Pinsel aufmalen oder aufstempeln. Wenn auch diese Farbschicht trocken ist, können Sie die Kästchen mit Klarlack besprühen – so bleibt die Farbe lange strahlend.

WEIHNACHTLICH Sie möchten jemandem eine Freude machen, der keinen Platz für einen großen Tannenbaum oder eine ausladende Krippe hat und trotzdem etwas weihnachtliche Stimmung in sein Wohnzimmer bringen will? Legen Sie sich mehrere breite Karobänder zurecht. Schneiden Sie aus blauem Fotokarton kleine Wölkchen aus und setzen Sie Aufkleber oder nostalgische Glanzbilder mit Engelmotiv darauf. Befestigen Sie die Wolken abwechselnd mit großen Strohsternen an den Karobändern und hängen Sie diese so auf, dass die Motive versetzt zueinander zu hängen kommen.

SCHLÜSSELFERTIG Gerade im Vorweihnachtsstress ist es schnell passiert – die Tür fällt zu, und der Schlüssel liegt noch in der Wohnung. Ärgerlich! Damit Sie und Ihre Freunde nie mehr einen Schlüssel vergessen, können Sie putzige Schlüsselanhänger selbst gestalten: Schneiden Sie die Umrisse Ihres Lieblingstieres aus Textilfilz aus und fügen Sie Details wie aufgeklebte Ohren oder Halsbändchen hinzu. Bringen Sie am Rücken des Tieres eine Öse an und ziehen Sie einen Karabinerhaken hindurch.

GEDIEGEN Sie benötigen ein Geschenk für einen Weinliebhaber? Füllen Sie eine Champagnerkiste mit Holzwolle und bestücken Sie sie mit einer guten Flasche Wein, Weingläsern und vielleicht sogar einem tollen Flaschenöffner. Eine nützliche Ergänzung zu diesem Genusspaket bietet ein Weinratgeber – so wird das Insiderwissen zur richtigen Handhabung des Weinthermometers gleich mitgeliefert!

SOMMERLICH Eine wundervolle, alkoholfreie Geschenkidee ist selbst gemachter Saft. Schnell können Sie für Groß und Klein aus eingefrorenen Beeren oder Lageräpfeln Saft einkochen. Er bringt die Sommersonne unter den Weihnachtsbaum! Mehrere breite Bänder übereinander legen und der Flasche so eine Schärpe verleihen – das sieht einfach herrlich aus!

ALPENLÄNDISCH Ein etwas ausgefallenes Geschenk für den Pflege liebenden Mann: Packen Sie eine wahre Wundertüte! Kaufen Sie eine Geschenktüte mit Hirschmotiv; wenn Sie keine solche bekommen können, kleben Sie einfach ein Hirschbild auf. Füllen Sie den Boden der Tüte mit Seidenpapier und arrangieren Sie die ausgewählten Pflegeprodukte darin. Rollen Sie eine Krawatte von der schmalen Seite her etwas auf und stecken Sie sie so in die Tüte, dass vorn ein Stück heraushängt. Beschriften Sie ein kleines Lebkuchenherz mit Zuckerschrift. Ist die Farbe trocken, ziehen Sie ein Satinband durch das Herz und knoten es an den Henkel der Tüte.

GEPFLEGT Pflegeprodukte sind gern gesehene Geschenke – aber warum immer auf das Alltägliche, überall Erhältliche zurückgreifen? Stellen Sie doch einmal selbst einen Lippenpflegebalsam her – gerade im kalten Winter werden viele Menschen von rauen Lippen geplagt. Mit Wollwachs und normalen Wachs, Jojoba-, Mandel-, und Kernöl lassen sich tolle Ergebnisse erzielen. Der Beschenkte wird begeistert sein, denn diese Lippenpflege enthält keine künstlichen Zusatzstoffe und pflegt sogar besser als herkömmliche Lippencreme!

GESTRICKT Wir gehören zusammen! Er ist wieder in, der Partnerlook! Stricken Sie doch für die ganze Familie oder Ihre Clique den gleichen Schal. So zeigen Sie der ganzen Welt, wer zu Ihrem liebsten Kreis gehört. Sehr edel ist beispielsweise ein Kapuzenschal aus herrlich weicher Alpakawolle.

SÜDLICH Sie möchten Geld verschenken, aber es soll nicht banal in einem Umschlag daherkommen? Ist der Beschenkte Italienfan oder Weinliebhaber, nehmen Sie eine Flasche Wein und legen Sie Kordeln in Grün, Weiß und Rot um den Flaschenhals. Bringen Sie Zweige von einigen typisch italienischen Kräutern wie Rosmarin und Salbei an und stecken Sie ein kleines Italienfähnchen dazu. Sollten Sie kein fertiges Fähnchen zur Hand haben, können Sie es aus Tonpapier und einem Schaschlikstäbchen basteln. Schließlich befestigen Sie gerollte Geldscheine an den Kordelenden. Das Geschenk können Sie auch in Rot-Gelb für Spanien-Liebhaber oder in Blau-Weiß-Rot für Frankreich-Fans anpassen.

RAFFINIERT Selbst gemachte Marmelade ist ein tolles Geschenk, gerade in der Weihnachtszeit, wo die Adventssonntage Anlass und Muße für ausgiebiges Frühstücken geben! Setzen Sie auf das zu verschenkende Marmeladenglas eine umgekehrte Muffinmanschette mit Karo-, Pünktchen- oder Blumenmuster. Binden Sie sie mit einem Satinband fest, und das Präsent hat einen „krönenden Abschluss"!

31 WEITGEREIST Sie selbst sind das Ziel: Verschenken Sie doch mal wieder einen Kurztripp an reiselustige, aber entfernt wohnende Freunde. Wickeln Sie dazu einen Reiseführer oder die Bahntickets in einen alten ausgedienten Stadtplan Ihrer Stadt.

32 KUGELRUND Eine sehr weihnachtliche Idee für ein Geldgeschenk stellt dieses Ensemble dar: Arrangieren Sie drei Weihnachtskugeln auf einem Glasteller. Damit sie nicht davonrollen, streuen Sie etwas farblich passendes Granulat auf den Teller. Rollen Sie nun einen Geldschein von einer Ecke ausgehend bis zur Mitte diagonal ein, zwei weitere Scheine werden eng zusammengerollt. Fixieren Sie alles mit einem kleinen Klebefilmstreifen. Stecken Sie die eng gerollten Geldscheine durch die Aufhängungen zweier Baumkugeln. Nun entfernen Sie den Aufhänger an der dritten Kugel und befüllen sie mit etwas Granulat. So können Sie den dritten Geldschein und einen Ilexzweig hineinstecken.

LIEBEVOLL Für dieses liebevolle Döschen benötigen Sie eine Blechdose, in der Sie Ihr Geldgeschenk oder Schmuckstück platzieren. Legen Sie einen Streifen gestanztes Papier um die Dose und fixieren Sie es mit doppelseitigem Klebeband. Verzieren Sie die Bordüre noch mit einem farblich abgestimmten Satinband. Malen Sie nun ein Pappherz weiß an, verzieren Sie es mit einem Paisley-Sticker und kleben Sie es auf. Wenn Sie noch einige nette Worte formulieren möchten, können Sie in gleicher Art und Weise eine Passepartout-Karte verzieren und dazuschenken.

GEMÜTLICH Zeit ist ein kostbares Geschenk: Sie haben heute Abend noch nichts vor? Dann nehmen Sie sich doch die Zeit für eine Vorlesegeschichte. In der Weihnachtszeit ist traditionell mehr Raum für nachdenkliche, romantische oder gemütliche Momente, wie sie in unserer schnelllebigen Zeit kostbar geworden sind. Überraschen Sie Ihre Liebsten damit. Sie werden feststellen, dass Geschichten nicht nur Kindern Freude machen! Dazu ein Glas wärmender Glühwein, und die Weihnachtsstimmung ist perfekt.

35 ZWEISAM Nehmen Sie sich Zeit für Ihren Partner und genießen Sie mit ihm zusammen den Zauber der Adventszeit. Schenken Sie ihm einen Gutschein für einen gemeinsamen Nachmittag. Ob Sie nun über den Weihnachtsmarkt bummeln oder einen langen Spaziergang machen, gemeinsam einen faulen Tag einlegen oder auch zusammen Weihnachtsplätzchen in verschiedenen Variationen backen – dieser Tag sollte nur Ihnen beiden gehören. Sie werden ihn als Oase im Weihnachtsstress erleben!

36 FEMININ Sie möchten einem weiblichen Teenager eine große Weihnachtsfreude machen? Dann ist eine Zusammenstellung von Pflegeprodukten genau das richtige Geschenk! Besonders groß wird die Freude sein, wenn Sie für das Kosmetiktäschchen ein angesagtes Muster (z. B. Polkadots) wählen! Füllen Sie den Kulturbeutel zur Hälfte mit Seidenpapier und arrangieren Sie dann verschiedene Kosmetikprodukte darin. Die Empfängerin schminkt sich gerne? Dann befüllen Sie Ihre Kosmetiktasche mit Lidschatten, Mascara, Make-Up-Entferner, Nagellack und Ähnlichem. Wichtig ist, dass Sie Produkte aus einer Farbwelt auswählen – dass ergibt ein harmonisches Gesamtbild.

NIEDLICH An den kalten Tagen der Vorweihnachtszeit sehnt sich bestimmt mancher nach dem Sommer. Mit diesen individuell gestalteten Ballerinas verschenken Sie Vorfreude und gute Laune. Kaufen Sie rot-weiß gepunktete Ballerina-Schuhe. Schneiden Sie zwei Kreise aus rot-weißem Karostoff aus und nähen Sie sie zu einem Jojo zusammen. Kleben Sie einen weißen Fellpausch darauf und verzieren Sie ihn mit einem weihnachtlichen Motiv Ihrer Wahl. Glöckchen gehören zu den aussagekräftigsten Weihnachtssymbolen. Sie können sie entweder wie auf dem Bild zu sehen auf der Schuhspitze anbringen oder mit einigen Stichen an der Ferse. So hat der Schuh vorn und hinten ein interessantes Detail.

HILFREICH Verewigen Sie Ihre Backkünste in einem handgemachten Backbuch! Besonders begehrt sind zum Beispiel Lebkuchen-, Printen- und Baumkuchenrezepte, denn die meisten kennen diese Gebäcksorten nur vom Bäcker oder Konditor. Sie selbst herzustellen mag etwas aufwändig sein, das Ergebnis wird aber sicher überzeugen. Oder haben Sie noch Kniffe und Tricks, die Sie von der Großmutter gelernt haben? Diese kleinen Tipps sind oft Gold wert! Fotografieren Sie Ihre schönsten Bäckereien – ob Sie nun eine Torte besonders schön verziert, ausgefallene Plätzchen gebacken haben oder besonders gut mit Zuckerguss umgehen können: Auch Dekorationsanregungen sind in jeder Küche gern gesehen! Mit diesem Büchlein verschenken Sie ein Stück Backkultur.

WARM Durch die Kälte verändert sich unser Empfinden. Kühle, oft synthetische Stoffe, die wir im Sommer gerne tragen, sind im Winter einfach nicht kuschelig genug. Experimentieren Sie mit Wolle, Baumwolle und Fell, und denken Sie an diese Vorlieben auch, wenn Sie Geschenke machen! Ein warmer Schal, eine flauschige Kuscheldecke oder ein paar hübsche Handschuhe sind bestimmt gern gesehene Präsente unter jedem Weihnachtsbaum!

ZUCKERSÜSS Werden Sie zum Nikolaus und verschenken Sie einen selbst gestrickten, gefüllten Strumpf! Verzieren Sie den Strumpf mit Lebkuchen und Mandeln aus Bastelfilz und nähen Sie zusätzlich Aufnähsteine und Herzknöpfe auf. Füllen Sie kleine süße Sachen hinein und schenken Sie so viel Freude!

SINNLICH Veranstalten Sie für Ihre Freundinnen einen „Tag der Sinne"! An diesem Tag darf gehört, gefühlt, gesehen, geschmeckt und geschnuppert werden. Dazu gehört natürlich Ihre Lieblingsmusik – sollten die Geschmäcker hier auseinanderdriften, können Sie sich abwechselnd spannende Kurzgeschichten vorlesen. Der Bereich „Fühlen" wird durch Kuschelsocken, einen Anti-Stress-Ball oder einen Schmeichelstein abgedeckt. Was das Sehen betrifft, so kann ein rührender Film nicht schaden. Schmecken und schnuppern können Sie während eines gemeinsamen Kochevents. Probieren Sie neue Rezepte aus und stellen Sie ein kleines Buffet zusammen. Immerhin machen Freundinnen-Nachmittage hungrig!

TANNENGRÜN Diese originelle Tannenkerze ist ein tolles Geschenk für alle Kerzenliebhaber. Übertragen Sie die Form einer Tannenkerze auf Pergamentpapier und Briefpapier. Schneiden Sie beide Teile aus und fertigen Sie zusätzlich einen Anhänger aus Pergamentpapier. Der Anhänger und die Pergamentpapier-Tanne werden bestempelt, mit Embossingpulver bestreut und dieses dann über einem Toaster zum Schmelzen gebracht. Nach Wunsch können Sie die Motive ausmalen. Legen Sie die Papiertannenbäume übereinander und verbinden Sie sie mit einer Öse. Nun muss nur noch der Anhänger gelocht werden, und schon können die Bäumchen am Docht angebracht und der Anhänger mit Ripsband festgebunden werden.

KURZ ENTSCHLOSSEN Manchmal muss es schnell gehen: Da wird spontan eine Einladung ausgesprochen, oder ein unerwarteter Gast meldet sich zum Adventspunsch an. Nun heißt es schnell ein Geschenk finden, das trotzdem liebevoll und individuell ist. Bedrucken oder beschriften Sie einen Pergamentpapierstreifen mit einem Weihnachtsgedicht – wenn Sie Tinte und Feder verwenden, wirkt das Ganze besonders edel. Gut trocknen lassen. Wickeln Sie diesen Streifen um vier farblich dazu passende Kerzen. Kleben Sie ihn am Ende mit Klebefilm fest. Anschließend legen Sie einen schmaleren Papierstreifen und darauf ein Ripsband um das Kerzenpaket. Schon haben Sie ein stilvolles kleines Präsent, das bestimmt seine Verwendung finden wird.

BEKRÄNZT Winden Sie Buchsbaumzweige mit Bindedraht zu einem Kranz. Auch hier können Sie wieder Pergamentpapier verwenden, das mit einem Weihnachtsgedicht versehen ist – winden Sie es um den Kranz und kleben Sie es an den Enden zusammen. Bringen Sie vier Christbaumkerzenhalter mit Kerzen an, und schon ist der schnellste aller Adventskränze fertig. Achten Sie darauf, dass leicht brennbare Materialien weit genug von den Kerzen entfernt angebracht werden, damit Ihr Geschenk nicht in Flammen aufgeht!

46 SALBUNGSVOLL Winterzeit heißt Alarmstufe Rot für Haut und Haare! Durch die Kälte wird die Haut besonders beansprucht, und Lippen werden spröde. Und die Haare sind täglich unter dicken Mützen versteckt und brechen so leicht ab. Schenken Sie sich und Ihren Freundinnen einen Beauty-Tag, um den Widrigkeiten des Winters entgegenzuwirken! Dabei darf ausgiebig gecremt und gesalbt werden. Legen Sie dabei Wert auf reichhaltige Pflegeprodukte, damit die regenerierende Wirkung sich voll entfalten kann!

45 LEUCHTEND Lichterketten sieht man in der Adventszeit an jedem Fenster – verschenken Sie doch mal eine ganz besondere Beleuchtung! Verpacken Sie zehn leere Streichholzschachteln mit verschiedenen Geschenkpapierresten. Stechen Sie mit einer spitzen Schere auf der Ober- und Unterseite mittig ein Loch ein. Stecken Sie die einzelnen Lämpchen einer Zehner-Lichterkette bis zur Fassung hinein, zeichnen Sie den Umfang der Fassung ein und entfernen Sie die Lämpchen wieder. Schneiden Sie den markierten Kreis mehrmals ein und stecken Sie anschließend die Lämpchen so weit ein, dass ein Teil der Fassung in der Streichholzschachtel verschwindet. Schlingen Sie nun dünne Bänder so um die Schächtelchen, dass die Lampen ebenfalls festgebunden sind.

47 SPORTLICH Gerade für die Zeit nach Weihnachten bietet sich ein Gutschein für (gemeinsame) Fitness-Aktivitäten an. Denn Festtage sind bekanntlich Schmausetage – da freut sich jeder anschließend über etwas Bewegung. Verpacken Sie Ihren Gutschein stilecht: Füllen Sie ein Reisstrohkörbchen mit kleinen Hanteln, einem erfrischenden Duschgel und einigen Weihnachtkugeln. Ein kleines Handtuch sorgt für die notwendige Stabilität. Verzieren Sie das Körbchen mit einer Satinschleife und schieben Sie ein kleines Schweißtuch unter das Band – so können die sportlichen Stunden kommen!

48 UNKONVENTIONELL Ungewöhnliche Kerzenhalter sind ein Muss in der dunklen Jahreszeit! Kaufen Sie Teelichthalter aus Pappmaché und bemalen Sie sie ein- bis zweimal mit Acrylfarbe. Trocknen lassen und anschließend mit Klarlack versiegeln. Bekleben Sie die einfarbigen Schachteln nun mit Karo- und Satinband. Verwenden Sie dafür Kraftkleber, damit sich Ihre Dekoration nicht wieder ablöst. Und schon können Sie mit Ihrem Geschenk dafür sorgen, dass jemandem „ein Licht aufgeht"!

48 SCHOTTISCH
Verzieren Sie schön geformte Tassen mit edlem Karomuster! So erhalten Sie eine nützliche, alltagstaugliche Geschenkidee, die voll im Trend liegt und die Krönung jeder Kaffeetafel ist! Sie können entweder gleichmäßige Karos auftragen, wie auf der linken Tasse, oder ganz modern ein richtiges Schottenmuster, wie auf der rechten Seite. Vergessen Sie nicht, die Farbe nach Herstellerangaben zu fixieren.

50 PERSÖNLICH
Jeder erinnert sich gerne an die Weihnachtsfeste seiner Kindertage. In diesem Lebensabschnitt handelt es sich dabei um ein Fest, dem man das ganze Jahr entgegenfiebert und das die Krönung am Jahresende darstellt. Machen Sie Ihren Kindern oder Ihrem Lebenspartner ein Geschenk, über das Sie sich noch in vielen Jahren gemeinsam freuen werden: Gestalten Sie ein „Weihnachtsbuch", in dem Sie mit Fotos, Geschenkanhängern und kleinen Gedichten jedem Weihnachtsfest eine Doppelseite widmen. Das Buch kann dann nach einigen Jahren als einzigartiges Weihnachtsgeschenk dienen und glückliche Erinnerungen an frohe Festtage wach halten.

GERÄUMIG Warum soll der Weihnachtseinkauf nicht einmal stilecht in einer weihnachtlichen Tasche verstaut werden? Verzieren Sie eine ältere Tasche mit Karomuster, indem Sie Ihr einen Rand aus weißem Flausch spendieren und dazu noch Weihnachtsornamente anbringen. Ein Weihnachtsstern aus Filz und Stoff schmückt die trendige Tasche im Schottenlook! Wenn der Weihnachtsbummel dann vorbei ist, hängt die Tasche aus Tweed als dekoratives Element an Ihrer Garderobe und verbreitet weiterhin festliche Stimmung.

VERFÜHRERISCH Liebesäpfel sind eine beliebte Näscherei vom Weihnachtsmarkt. Glasieren Sie die Äpfel doch einmal selbst – mit Zucker und roter Lebensmittelfarbe gelingt das ganz leicht. Mit diesem herrlichen Apfel könne Sie jeden zu einem Weihnachtsmarktbummel verführen!

RUSSISCH Schenken am Puls der Zeit: Matroschkas sind in jeder Ausführung und Farbe aktuell. Als folkloristischer Kettenanhänger, Kuschelkissen oder dekoratives Aufstellerpüppchen vom Trödelmarkt. Beschenken Sie damit Ihre beste Freundin – oder vielleicht auch einfach sich selbst?

HEISS Tee, Kaffe und heiße Schokolade – Heißgetränke erfreuen sich im Winter großer Beliebtheit. Verschenken Sie ein Set mit Tasse, Untertasse und dazu passenden Utensilien. Für Teefreunde fügen Sie eine besondere Teesorte, Kandiszuckerstäbchen und ein kleines Glas Teehonig hinzu. Probieren Sie doch auch selbst verschiedene Teesorten, bevor Sie sich entscheiden – Sie werden es nicht bereuen!

KNALLBUNT Wenn es schnell gehen muss, füllen Sie doch einfach kunterbunten Süßkram in hübsche Gläser. Wenn Sie mit den Bonbons auch noch die Verpackung verzieren, haben Sie ruck, zuck eine bezaubernde Überraschung für eine liebe Naschkatze.

WÜRZIG Verschenken Sie doch einmal Schokolade mit Chili-Zusatz, eine der neuen Trendschokoladen. Das wärmt in der kalten Jahreszeit herrlich von innen! Diese feurige Kombination gibt es als Tafel- oder Trinkschokolade.

FILIGRAN Holz ist ein Material, das warm und authentisch wirkt und eine gemütliche Atmosphäre verbreitet. Wenn Sie handwerklich begabt sind, können Sie die Umrisse eines Rentiers auf eine Fichtenleimholz- oder Pappelsperrholzplatte übertragen, sorgfältig aussägen und die Kanten abschleifen. Um Ihr Modell zum Stehen zu bringen, schrauben Sie die Figur auf einer Astscheibe fest. Über diese wunderschönen Stehfiguren wird sich der naturbegeisterte Beschenkte bestimmt sehr freuen!

58 THEATRALISCH Erlebnis-Weihnachtsgeschenke sind absolut im Trend. Erkundigen Sie sich, welche Angebote es in Ihrer Nähe gibt. Ob es ein Themen-Abendessen, eine kuriose Stadtführung oder ein Blick hinter die Kulissen eines Theaters ist, viele Gemeinden bieten ein breites Spektrum an.

59 EINGEDECKT Ein schön gedeckter Tisch ist bei Festlichkeiten gerne gesehen. Verschenken Sie ein Rundum-Sorglos-Paket für den nächsten Kaffeeklatsch: Verzieren Sie eine weiße Tischdecke und dazu passende Servietten mit Textilfarbe. Fixieren Sie die Motive nach Herstellerangaben – schön sind beispielsweise Lebkuchenfiguren. So kann die Beschenkte bei der nächsten Einladung etwas ganz Individuelles bieten!

61 GEKRÖNT Kleines Geschenk mit großer Wirkung: Kaufen Sie einen weißen Bilderrahmen und legen Sie statt eines Fotos schwarz-weißes Musterpapier hinter die Glasscheibe – später kann natürlich ein Lieblingsbild diese Stelle füllen. Verzieren Sie den Rahmen mit einem Krönchen aus ebenfalls weißem Holz, das Sie mit einem Schmuckstein versehen – majestätisch!

60 FLEISSIG Leider gehen auch die Weihnachtstage irgendwann vorbei, und der Büroalltag holt uns wieder ein. Sorgen Sie dafür, dass Ihre Freunde und Kollegen etwas freudige Stimmung mit ins neue Jahr nehmen können und schenken Sie ihnen ein wunderschönes Büroset. Füllen Sie eine rote Fotobox mit Seidenpapier und verpacken Sie ein Stifteset in schwarz-weiß gemustertem Papier. Eine rote Schleife darf natürlich nicht fehlen! Dann füllen Sie die Box mit einem roten Locher, einem roten Notizbuch mit Stift und einem roten Hefter. Als Sahnehäubchen legen Sie Radiergummis in Tortenform dazu.

TIERISCH Auch ein Vierbeiner und sein Herrchen freuen sich über schöne Geschenke! Stellen Sie ein Paket zusammen, das keine Hundeträume offen lässt. Dazu füllen Sie einen großen Hundenapf mit einer Leine, einem Halsband, einem Spielschuh, Hundeleckerlis und Kauknochen. Damit die Leine einen stilvollen Platz findet, fügen Sie noch die witzigen roten Garderobenhalter in Form eines Hundehinterteils dazu.

AUFNAHMEBEREIT Tierfreunden können Sie auch mit dieser Geschenkidee eine Freude machen: Denken Sie schon jetzt an den nächsten Sommerurlaub und schenken Sie einen Gutschein für das Hunde- oder Katzensitting, wenn die Familie das nächste Mal verreist. Dieses Angebot wird bestimmt gerne angenommen!

PRAKTISCH Ihr Mann liebt das Basteln und Werkeln oder er baut gerade um oder aus? Dann ist dieser Heimwerker-Koffer gerade richtig für ihn! Befüllen Sie einen Metallwerkzeugkoffer mit Werkzeugen wie Hammer, Zange, Säge, Spachtel und Schraubendreher. Natürlich dürfen auch ein kleiner Ratgeber für große Fragen, eine Erste-Hilfe-Tasche für Notfälle und ein Energy-Drink für die Pause zwischendurch nicht fehlen. Verschließen Sie das gute Stück mit einem Expander.

65 POETISCH Viele Menschen haben einfach schon alles, da fällt es schwer, ihnen mit einer kleinen Aufmerksamkeit eine Freude zu machen. In solchen Fällen lohnt es sich, auf eine nicht-materielle Geschenkform überzugehen. Versuchen Sie sich einmal als Dichter und schreiben Sie einige witzige, besinnliche oder fröhliche Verse – je nach Charakter der beschenkten Person. Gerade ältere Menschen und Kinder lieben kleine gereimte Geschichten. Inhaltlich können Sie dabei auf die Person ganz speziell eingehen, zum Beispiel auf eine bestimmte Begebenheit, die Sie gemeinsam erlebt haben. Oder Sie bleiben auf einer weihnachtlich stimmungsvollen Ebene und dichten einen Weihnachtsvers. Das ist auf jeden Fall ein Geschenk, das nicht im Laden zu kaufen ist!

HEIMELIG 66 Für diese stimmungsvollen Teelichthäuschen sägen Sie die Fassade und die einzeln zu arbeitenden Giebelbalken je viermal aus. Glätten Sie die Sägekanten mit Schleifpapier und leimen Sie die Giebelbalken auf die Fassaden. Sägen Sie vier Vierkantholzleisten zu und leimen Sie je zwei davon an eine Fassade. Dann leimen Sie eine zweite Fassade an, sodass ein rechter Winkel entsteht. Dasselbe Verfahren gilt für die anderen beiden Fassadenteile. Stellen Sie die beiden Fassadenwinkel so auf, dass sie ein Quadrat bilden, und leimen Sie sie zusammen. Wenn alles gut getrocknet ist, stellen Sie ein Teelicht in die Mitte.

67 AKTIV Draußen fallen weiche Flocken? Dann halten Sie es sicherlich auch keine Minute mehr im Haus aus, sondern möchten die weiße Pracht genießen! Verschenken Sie doch in diesem Jahr ein Aktivwochenende im Schnee. Ob gewandert, Ski gefahren oder eine Schneeschuhtour unternommen wird, hängt natürlich von dem Beschenkten ab.

68 UNENTBEHRLICH Jeder kennt das Problem: Der Weihnachtsschmuck liegt im Keller, aber leider nicht an einer zentralen Stelle. Und wenn man dann alles gefunden hat, ist oft ein Strohstern verknickt oder ein zarter Engelsflügel angebrochen. Das muss nicht sein – mit dieser Weihnachtsbox verschenken Sie einen unentbehrlichen Ordnungshüter für Weihnachtsschmuck und mehr!

VERWUNSCHEN Gestalten Sie einen Wald aus Kerzen und einem kleinen Wunschbäumchen! Drapieren Sie schöne Kerzen auf einem Tablett und stellen Sie ein kleines künstliches Tannenbäumchen in die Mitte. Es besteht aus einem Styroporkern, der liebevoll mit Moos verkleidet wurde. Wer es lieber einfacher hat, kann auch einen dichten Tannenzweig mit Steckmoos in einem Glas ins Zentrum des Ensembles stellen. Dekorieren Sie das Bäumchen nun mit Karoband. Liebe Wünsche werden auf kleinen roten und weißen Zettelchen notiert, eng zusammengerollt und mit Stecknadeln am Baum fixiert. Statt guter Wünsche können Sie auch chinesische Weisheiten oder Weihnachtszitate auf die Zettel schreiben. So hat der Beschenkte viele kleine Überraschungen vor sich!

Stilvoll verpacken

Sind alle Geschenke gefunden, steht schon die nächste Herausforderung vor der Tür: All die schönen Präsente müssen auch ansprechend verpackt werden, denn die Spannung soll ja nicht schon beim ersten Hinsehen aufgelöst werden. Wer sich mit dem Inhalt so viel Mühe gemacht hat, der möchte natürlich kein alltägliches Geschenkpapier von der Rolle verwenden, um seine Überraschung zu verpacken. Wenn schon Geschenkpapier, dann selbstgemacht – aber damit ist noch lange nicht Schluss! Wir stellen Ihnen zauberhafte neue Verpackungsideen vor, damit die Geschenke am Weihnachtsabend mit dem geschmückten Baum um die Wette funkeln!

70 FORMVOLLENDET Geometrische Formenvielfalt: Verpacken Sie Ihre Geschenke in orangefarbenes Seidenpapier. Aus pinkfarbenem und rotem Seidenpapier und Goldfolie schneiden Sie verschiedene geometrische Formen wie Dreiecke und Streifen aus. Bringen Sie diese auf Ihrem verpackten Geschenk an. Schließlich können Sie mit Marker spiralförmige Muster aufmalen oder die Päckchen ganz nach Ihrem Geschmack mit Golddraht, Goldkordel oder Perlen schmücken. So wird jede Ihrer Verpackungen ein Einzelstück und macht neugierig auf den so elegant verhüllten Inhalt!

71 EINPRÄGSAM Diese orientalischen Geschenkanhänger machen jede Verpackung zu einem Traum aus Tausendundeiner Nacht. Prägen und verzieren Sie Metallfolie in Form des Paisley-Musters und schneiden Sie die einzelnen Teile aus. Kleben Sie sie auf ein Stück Filz oder Tonpapier und beschneiden Sie den Rand mit einer Zackenschere. Kleben Sie mit Heißkleber Perlen auf. Nun fädeln Sie Goldfaden in eine Nadel ein und durchstechen damit den Anhänger. Ziehen Sie eine gerillte Goldkugel auf und sichern Sie sie mit einem Knoten. Exotisch!

GESCHNÜRT Welches Geheimnis verbirgt sich wohl hinter dieser gut geschnürten Wellpappencorsage? Bringen Sie auf der vorgefalteten Mappe kleine Metallnieten in Form von Schneeflocken an. Ziehen Sie dann farbig zur Wellpappe passende Bänder durch die Nieten, als ob Sie einen Schuh schnüren würden. An der unteren Seite hängen Sie eine Geschenkanhängerkarte in Form einer bunten Baumkugel am Schnürband auf. Fertig ist Ihre verführerische Verpackungsidee!

HIMMLISCH Schultüten sind eine tolle Form der Geschenkverpackung – wir zeigen Ihnen, wie Sie sie weihnachtlich abwandeln können: Formen Sie aus Glanzpapier eine Zuckertüte, die Sie in der Größe auf den zu verpackenden Gegenstand abstimmen. Verzieren Sie sie mit Tortenspitze und kleinen Glanzbildern aus alten Poesiealben. Der innere Rand der Öffnung wird ebenfalls mit Spitze verziert. Die Manschette der nostalgischen Tüte stellen Sie aus hauchfeinem Organzastoff her – so kann man den Inhalt erahnen, wenn man die Tüte von oben sieht, aber die Überraschung bleibt dennoch erhalten.

DOPPELDEUTIG Bei dieser Verpackungsidee ist auch die Kehrseite eine Schokoladenseite! Verwenden Sie doppelseitiges Geschenkpapier. Knicken Sie den Geschenkpapierbogen um, sodass er eine farbige Banderole um das Geschenk bildet. Stanzen Sie mit einem Motivstanzer Sterne oder ein Schneeflockenmuster aus dem doppelt gelegten Papier. Nun schmücken Sie das Geschenk noch mit Satinband. Ein besonderes Highlight: Fädeln Sie Wollpompons und kleine Dekoperlen auf einen elastischen Faden und ergänzen Sie so Ihre liebevolle Verpackung.

BEHÜTET Lassen Sie aus der Kombination aus kuschlig-weichem und hartem Verpackungsmaterial eine besondere Mischung entstehen! Stricken Sie 24 Wollmützchen in verschiedenen Farben. Obenauf setzen Sie eine Wattekugel – fertig ist die Pudelmütze. Sie ziert ein kleines Blumentöpfchen. Vermerken Sie die Tage vom 1. bis zum 24. Dezember auf kleinen Kärtchen und befestigen Sie diese mit Sicherheitsnadeln an den Mützchen. Sie können die Zahlen natürlich auch auf die Tontöpfchen schablonieren.

PRAKTISCH Für Handwerker: Butterbrottütchen mit kleinem Inhalt füllen und mit ein bis zwei Kabelbindern verschließen. Ein Weihnachtszweiglein – beispielsweise ein Stechpalmenzweig mit roten Beeren – unterschieben. Ruck, zuck fertig und total originell!

77 NASCHHAFT Selbst gemachte Pralinen sind schon allein ein willkommener Weihnachtsgruß – mit einer hübschen Verpackung werden Sie zum Star auf dem Gabentisch! Falten Sie eine kleine Schachtel aus rotem Tonkarton und verzieren Sie den Rand des Schächtelchens mit Tortenspitze. Abschließend fädeln Sie auf ein Stück rotes Organzaband große rote Glasschliffperlen auf und binden das Band um die Schachtel. Da werden die Leckermäulchen Augen machen!

KARIERT Möchten Sie einem Wanderer ein Geschenk machen, das schon von außen Lust auf den nächsten ausgedehnten Freilufttag macht? Dann verwenden Sie zur Verpackung doch eine quadratische, karierte Picknickdecke aus etwas festerem Stoff! Platzieren Sie das Geschenk in der Mitte der Decke und fassen Sie alle vier Ecken zusammen. Nun wird eine breite Kordel um alle Ecken geschlungen. Zuletzt können Sie das Päckchen an einen Spazierstock knoten. Binden Sie noch eine Trinkflasche an den Stock und verzieren Sie die Kordel mit einer Trachtennadel. So ist der Wandersmann perfekt gerüstet!

BEFLOCKT Diese Verpackung ist eine echte Schönheit und schnell gemacht. Malen Sie einen stabilen Karton komplett rot an und lassen Sie ihn gut trocknen. Dann schablonieren Sie eine Schneeflocke auf jedes Seitenteil und den Deckel. Verzieren Sie die Flächen zusätzlich mit einem lustigen Schneegestöber aus vielen kleinen Punkten! Nun noch eine weiße Kordel um das Päckchen geschlungen, und schon können Sie Ihr Geschenk weihnachtlich verpackt überreichen. Auch Kinder freuen sich über das Schneetreiben!

80 HASENREIN Sie suchen nach einer Verpackung für einen echten Skihasen? Kein Problem mit diesem sportlichen Mümmelmann! In seinem Schraubglaskörper können Sie ein kleines Geschenk verstecken.

STERNENGLEICH 81 Diese strahlende Verpackung ist blitzschnell gezaubert und wirkt dennoch edel und festlich. Schneiden Sie Organzaband mit der Zackenschere ab und ziehen Sie es durch die Schlaufe eines Christbaumanhängers in Sternform. Natürlich können Sie auch eine schöne Schleife binden. Verschönern Sie das Arrangement mit farblich passenden, dünneren Satinbändern und nach Belieben mit silbernem Bouillondraht. So holen Sie schon mit Ihrer Verpackung dem Beschenkten die Sterne vom Himmel!

ANHÄNGLICH Nicht nur das Geschenkpapier, auch der Geschenkanhänger kann eine Verpackung zur Besonderheit machen! Backen Sie Lebkuchensterne und verzieren Sie sie mit Zuckerguss, mit dem Sie weihnachtliche Ornamente aufmalen. Bohren Sie vor dem Backen mit einem Zahnstocher ein kleines Loch in jeden Keks. Ist der Zuckerguss getrocknet, ziehen Sie ein farblich zur Dekoration passendes schmales Band hindurch, mit dem Sie den Lebkuchenstern an Ihrem Päckchen befestigen. Das macht Appetit aufs Auspacken!

GENÄHT Sie möchten eine Flasche verschenken und nett verpacken, aber es ist kein Geschenkpapier zur Hand? Schneiden Sie einen langen Streifen Lieblingsstoff zurecht – wenn er hälftig zusammengelegt ist, muss er etwa zehn Zentimeter länger sein als die Flasche. Heften Sie die Ränder mit groben Stichen mit einem dicken Faden zusammen und geben Sie die Flasche in die so entstandene Tasche. Binden Sie sie am Flaschenhals mit einem hübschen breiten Band zusammen und verzieren Sie das Band mit einem kleinen Accessoire. Und schon ist Ihr Geschenk etwas ganz B. sonderes!

84 GLAMOURÖS

Chiffonband ist ein herrliches Verpackungselement! Die Kombination mit Filzornamenten bewirkt einen sehr interessanten Kontrast und bringt Ihr Päckchen unter jedem Weihnachtsbaum zur Geltung. Zusätzlich können Sie mit tollen Farbkombinationen in Rot, Pink und Orange herrliche Effekte erzielen.

85 VERLOCKEND Echte Handarbeit: Manchmal genügt schon eine aufwändige Schleife, um aus einem Päckchen ein Schmuckstück werden zu lassen. Eine Verpackung, die fast zu schön zum Öffnen ist!

86 GESCHMACKVOLL Natürlich können Sie Ihr Päckchen mit einem Geschenkanhänger versehen, damit man weiß, wem es gehört. Sie könnten aber auch einmal diese Alternative versuchen: Kaufen Sie Russisch Brot, also Kekse in Buchstabenform. Streichen Sie eine dünne Schicht Zuckerguss als „Klebstoff" auf die Oberfläche der Kekse und streuen Sie bunte Zuckerperlen darauf. Nun können Sie Ihre Pakete mit den Initialen des Beschenkten versehen.

87 ÜBERRASCHEND Diese niedliche Geschenkverpackung ist bereits vor dem Befüllen ein Schmuckstück! Kaufen oder nähen Sie eine karierte Stofftüte mit Aufhänger. Stopfen Sie die Spitze der Tüte mit Füllwatte aus – Papier eignet sich hier nicht, da es Kanten und Knicke bildet, die sich durch den Stoff hindurch abzeichnen würden. Dekorieren Sie die Spitztüte mit frechem Baumschmuck aus Glas und einem Ilexzweig. Schöner kann man niemanden überraschen!

KULINARISCH Sie möchten einen begeisterten Hobbykoch beschenken und suchen nach einer stimmungsvollen Verpackung für ein tolles Kochbuch? Verwenden Sie ein Geschirrtuch als Geschenkpapier und versehen Sie es mit einer farblich abgestimmten Schleife. Befestigen Sie eine Flasche mit edlem Essig und einige Lorbeerzweige auf dem Päckchen – und schon ist der Beschenkte gut für das nächste Küchenexperiment gewappnet!

LEUCHTEND Spot an: Sie möchten, dass Ihre Geschenkverpackung aus einem Berg von Päckchen herausstrahlt? Nehmen Sie diesen Wunsch wörtlich! Verpacken Sie Ihr Geschenk nach Belieben. Nun benötigen Sie LED-Lampen mit farblich zur übrigen Verpackung passendem Rand. Malen Sie auf einen Tonkartonkreis, der etwas größer als das Licht ist, am Rand entlang kleine Kreise auf und lassen Sie eine Lasche mit einem Loch zur Befestigung am Päckchen übrig. Kleben Sie nun die Lampe auf den Kreis, ziehen Sie einen Faden durch die Aufhängung und befestigen Sie diese am Geschenkband Ihres Päckchens.

90 MEDITERRAN Nicht nur für Italienfreunde: Olivenzweige mit silbernem Glitterliner bemalen und auf ein Geschenk kleben, das mit grobem Packpapier eingewickelt wurde. Das glitzernde Element setzt diesem Päckchen die sprichwörtliche Krone auf.

91 HERRSCHAFTLICH Diese Verpackungsidee ist der richtige Rahmen für fürstliche Kleinigkeiten! Sie verwenden dafür eine Kronendose aus Pappmaché, die in der Größe natürlich zu Ihrem Geschenk passen sollte. Bemalen Sie das Schächtelchen in Violett, die Deckeleinlage in Gold, und lassen Sie beides gut trocknen. Versiegeln Sie die Farben mit Klarlack. Abschließend verzieren Sie die Dose mit Häkelspiegeln – sie verleihen der Krone den nötigen Glanz.

VERTRÄUMT Für manche Geschenke bietet sich eine ganz spezielle Verpackung an – CDs gehören bestimmt dazu! Schlagen Sie die CD in Bastelfilz in Lila oder Orange ein und verschließen Sie dabei die Nähte mit doppelseitigem Klebeband. Nun können Sie die obere Seite mit Glitzermalfarbe bemalen und in die noch nasse Farbe kleine Steinchen und Perlen eindrücken – so kommt besonders viel Glamour in die Sache! Lassen Sie alles gut trocknen. Nun umkleben Sie die Verpackung mit einer dünnen Goldschnur. Den letzten Schliff verpassen Sie Ihrer Verpackung, indem Sie mit doppelseitigem Klebeband ein kleines Windlichtglas oder eine dekorative Kerze auf der verpackten CD platzieren.

93

STILSICHER Ein Pinselstiel führt Sie hier zur kreativen Verpackung! Rühren Sie dickflüssigen Tapetenkleister an und vermengen Sie ihn mit Batik- oder Seidenmalfarbe in Pink oder Grün. Streichen Sie das Gemisch auf Zeichen- oder Packpapier und zeichnen Sie nun mit dem Pinselstiel beliebige Motive oder Musterreihen darauf. Bevor Sie sich ans Verpacken machen, die Farbe gut trocknen lassen.

94

VERWOBEN Bunte Satinbänder ersetzen gemustertes Geschenkpapier und sind eine willkommene neue Verpackungsidee! Verpacken Sie Ihr Geschenk in einfarbigem Papier und verzieren Sie es dann mit einem Muster aus übereinander und nebeneinander gelegten Satinbändern. Sie können mit Überlappungen spielen, Pastelltöne und kräftige Farben abwechseln lassen und zwischendurch ein glänzendes oder glitzerndes Band einweben – Ihrer Fantasie sind keine Grenzen gesetzt!

95 ANGEKLAMMERT Wäscheklammern sind ein tolles Verpackungsdetail und dazu praktisch: Malen Sie vier Holzwäscheklammern farblich zu Ihrem Päckchen passend an und lassen Sie sie trocknen. Verzieren Sie die Klammern mit einem kleinen Holztannenbaum, den Sie mit Klebstoff bestreichen und dann mit Glitzer bestreuen. Dann können Sie die Klammern als Kartenersatz verwenden und Ihre lieben Weihnachtsgrüße auf diese Weise übermitteln.

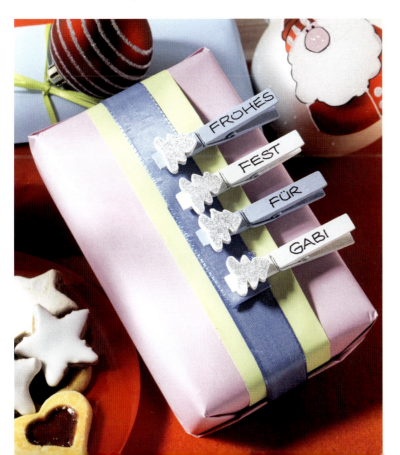

96 FEINMASCHIG Verpackungen lassen sich mit etwas Hingabe stricken. Natürlich bietet sich hierzu ein Klassiker wie der Weihnachtsstrumpf an. Verzieren Sie den oberen Rand der Strumpf-Verpackung mit kleinen Glöckchen – so verbinden Sie ein traditionelles Weihnachtselement mit modernem Charme.

97 UMGARNT Für diese wunderschöne Verpackungsidee benötigen Sie lediglich dicke Wolle und einen Kartonrest. Für jede Quaste umwickeln Sie ein 10 cm breites Stück Pappe etwa 20 Mal mit Wolle. Verknoten Sie mit einem Wollstück das Garnbündel fest am oberen Ende und schneiden Sie dann das untere Ende auf. Etwa 2 cm unterhalb des Knotens werden die Wollfäden nochmals fest abgebunden. Nun können die Quasten Ihre Geschenkverpackung umgarnen.

98 SMART Päckchen to go: Eine schnelle Verpackungsmöglichkeit bieten die Take-away-Kaffeebecher, die man heutzutage an jeder Ecke bekommt. Geschenk hinein, Plastikdeckel aufsetzen, Geschenkband herum. Schon hat sich das Präsent für die liebste Kaffeetante chic in Schale geworfen!

EINGETÜTET Mit etwas weißem oder roséfarbenem Zeitungspapier können Sie sehr hübsche Geschenktüten falten. Natürlich kann man auch einfach eine bereits bestehende Geschenktüte mit dem Zeitungspapier kaschieren. Das geht schnell und macht Leseratten große Freude!

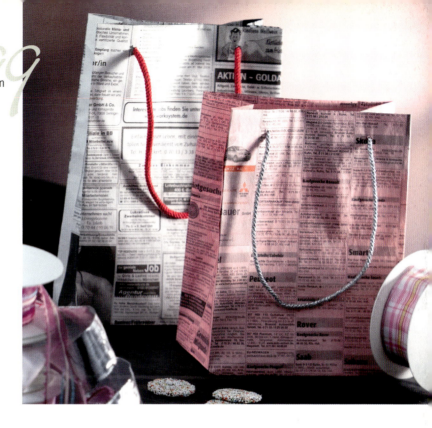

WUNDERSCHÖN Diese wunderschönen kugelrunden Verpackungen für kleine Aufmerksamkeiten können Sie schnell und einfach herstellen. Verzieren Sie eine Plexiglaskugel, die in der Größe zu Ihrem Geschenk passt, mit Serviettentechnik. Wählen Sie hierfür Servietten mit weihnachtlichen Ornamenten. Füllen Sie die untere Hälfte der Kugel mit farblich passendem Seidenpapier und platzieren Sie Ihr Geschenk darauf. Mit dieser Verpackung wird aus Ihrem Präsent eine runde Sache!

101

FRISCH Für kleine, feine Geschenke ist dieser Präsentkranz eine wirkungsvolle Verpackung. Wickeln Sie mehrere kleine Präsente in verschiedenen Techniken ein – mit einer Schleife, einem Muster, mit Geschenkband. Dann befestigen Sie sie auf einem grünen Kranz. Ist ein etwas größeres Geschenk dabei, platzieren Sie es in der Mitte des Gebindes. So haben Sie Ihre Kleinigkeiten in ein weihnachtliches Ensemble eingebunden.

102

BUNT Diese liebenswerten Elche spazieren fröhlich über Ihre Geschenke: Schneiden Sie aus Tonpapier die Körper der Elche aus. Zusätzlich schneiden Sie in der gleichen Farbe ein Oval und einen kleineren Kreis für Gesicht und Schnauze aus. In einer Kontrastfarbe stellen Sie das Geweih her und beschriften es mit dem Namen des Beschenkten. Nun malen Sie das Gesicht und die Nasenlöcher auf. Kleben Sie mit Abstandsklebepads das Gesicht und darauf die Nase auf. Zwischen Gesicht und Körper wird das Geweih angebracht.

104 SCHNEEWEISS In einem zum Schneemann ausgestalteten Schraubglas sind weihnachtliche Leckereien gut aufgehoben. Das ist nicht nur was für Kinder!

103 GESTREIFT Verpacken Sie eine Blechdose mit orangefarbenem Krepppapier. Binden Sie es oben ab und zupfen Sie das überstehende Stück Papier in Form. Binden Sie eine pinke Schleife um das abgebundene Stück und binden Sie eine kleine Weihnachtskugel daran. Verzieren Sie den Bauch der Dose mit verschieden breiten Bändern in Pink, Rosa, Rot und Lila – das bildet einen schönen Kontrast zum orangefarbenen Untergrund.

105 GENUSSREICH Verbinden Sie Weihnachtsbäckerei mit Verpackungskunst! Backen Sie Butterkekse, Keksringe und Keksbrezeln. Die Butterkekse stapeln Sie aufeinander, umwickeln sie dreimal mit Paketschnur und verknoten die Enden auf der Unterseite des Stapels. Die Keksbrezeln ziehen Sie auf eine Paketschnur auf und knoten sie fest. Verknoten Sie Anfang und Ende der Schnur und arrangieren Sie die Brezeln sternförmig. Die Keksringe werden über Kreuz mit Paketschnur umwickelt und die Enden zu einer Schleife geformt. Diese kleinen Gebäckhäufchen können Sie nun zur Vervollständigung einer tollen Verpackung an Ihre Päckchen hängen.

106 NATÜRLICH Was für ein Augenschmaus: Umwickeln Sie Mandarinen über Kreuz mit Paketschnur. Verknoten Sie nun die Enden der Schnur oder fädeln Sie sie zuerst durch einen Knopf. Zum Schluss mit einem Knoten sichern. Wichtig ist bei dieser Verpackung, dass das Paketband durch die Bohrungen der Knöpfe passt – wählen Sie es nicht zu dick.

107 KUSCHELIG Nähen Sie kleine Filztäschchen, wie auf dem Bild zu sehen. Verzieren Sie sie z. B. mit Kürbiskernen oder einem Rechteck aus Karostoff und einem Holzstern. Damit Sie die Täschchen aufhängen können, bringen Sie an ihrer Spitze eine Schlaufe an, auf die Sie eine kleine Holzperle ziehen können. Nun fädeln Sie auf eine Kordel so viele Taschen auf, wie Ihr Geschenk Teile hat. Links und rechts schmücken Sie das Arrangement mit Bändern, Tannengrün, Ilex und kleinen Weihnachtskugeln. Fertig ist Ihr mehrteiliges Verpackungswunder!

KLASSISCH Nikolausstiefel aus Stoff kann man kaufen – oder selbst nähen! Wichtig ist dabei, dass Sie eher traditionelle Stoffe und keine zu grellen Farben wählen. Dann haben Sie auch noch in einigen Jahren Freude an ihrer klassischen, dekorativen und wiederverwertbaren Verpackung.

109 HANDLICH Ein kleines Geschenk kann groß rauskommen, wenn man es fantasievoll anstellt. Legen Sie ein Küchenhandtuch mit der linken Seite nach oben vor sich. Schlagen Sie die obere und untere Kante 10 cm um, die rechte und linke Kante zur Mitte hin umschlagen. Nun drehen Sie die Faltung und raffen sie in der Mitte zusammen. Legen Sie ein farblich passendes Dekoband über die Raffung und kleben Sie die Enden ca. 1 cm übereinander. Diese Schleife beinhaltet nun das Handtuch als Geschenk – Sie können damit aber auch größere Verpackungen weiter dekorieren oder einen kulinarischen Gutschein anhängen.

110 ZUGEKNÖPFT Rot und Weiß sind absolute Trendfarben: Wickeln Sie Ihr Päckchen in einfaches, weißes Papier ein. Binden Sie rot-weißes Fleischerband doppelt um das Geschenk und fixieren Sie es mit einem roten Knopf. Kleben Sie kleine rot-weiße Holzherzen mit Abstandsklebepads auf das Geschenk – und einem elegant-skandinavischen Geschenkerlebnis steht nichts mehr im Wege.

111 WERTVOLL Diese kleinen Döschen bewahren kleine, wertvolle Geschenke sicher auf, bis sie ihren Empfänger erreicht haben. Bekleben Sie weiße Pappdosen, die in der Größe zu Ihrem Geschenk passen, mit weihnachtlichen Serviettenmotiven. Dazu schneiden Sie Streifen und Kreise aus den Servietten aus, die genau um die Dosenwände bzw. auf den Deckel passen. Nun bemalen Sie die Schlitten aus Papp-maché farblich passend, lackieren sie und kleben sie nach dem Trocknen mittig auf den Deckel. Abschließend kleben Sie ein schmales Filzband um den Deckel. Dann können Sie sich ans Befüllen der kleinen Schatzkästchen machen.

112 ORDENTLICH Wem gehört welches Päckchen unter dem Weihnachtsbaum? Diese Frage stellt sich ab sofort nicht mehr: Verpacken Sie Ihre Geschenke in Geschenkpapier in verschiedenen Pastelltönen. Farblich zu jedem Päckchen passend verwenden Sie gemusterten Karton, aus dem Sie jeweils die Initiale des Beschenkten ausschneiden. Durch ein mit dem Bürolocher gestanztes Loch im Buchstaben ziehen Sie ein Stück Goldkordel und befestigen ihn damit an der Schleife, die um das Paket geschlungen ist. So sorgen Sie für fröhliche Farbkleckse rund um den Weihnachtsbaum!

EISGLATT In vielen Einrichtungshäusern findet man sie: herrlich nostalgische Schlittschuhe aus Stoff. Sie sind nicht nur dekorativ, sondern eignen sich auch als überraschende Verpackung, vor allem am Nikolaustag.

114 GEGÜRTET Sie möchten eine gekaufte Papiertüte zu einer wirklich einmaligen Verpackung aufpeppen? So geht's: Versehen Sie die Tüte mit einer Teddy-Stulpe; bei kleinen Tüten eher am oberen Rand ansetzen, bei größeren Tüten kann auch eine Art Gürtel angelegt werden. Den kuscheligen Kranz fixieren Sie mit doppelseitigem Klebeband. Nun hängen Sie mithilfe von zartem Organzaband einen Weihnachtsmann an den Griff der Tüte. Und fertig ist Ihr individuelles Einzelstück!

115 GEHALTVOLL So wird aus einer leeren Blech-Kaffeedose eine prima Geschenkverpackung! Reiben Sie die Blechdose mit Spiritus ab und grundieren Sie sie in zwei bis drei Schichten mit Sprühlack. Wenn Sie möchten, können Sie zuvor mit einem Dosenöffner seitlich Löcher für einen Drahtbügel einstanzen. Dann können Sie die Dose entweder in der Serviettentechnik oder mit ausgeschnittenen und aufgeklebten Filzformen verzieren. Abschließend können Sie mit Acrylfarbe Schneeflocken auftupfen. Fassen Sie die Motive zuletzt mit Glimmerfarbe, Lackmalstift oder Plusterstift ein.

FLORAL Geschenkpapier mit Rankenmuster ist die Basis dieser Verpackungsidee. Gestalten Sie das Muster mit Pailletten, sodass die Ranke Früchte zu tragen scheint. Die andere Seite wird zweimal mit Geschenkband umwickelt. So spielen Sie mit unterschiedlichen Materialien und geometrischen Formen und erschaffen schnell die perfekte Hülle für ein modernes Weihnachtsgeschenk!

117 ALLERLIEBST
Kleine Herztaschen für winzige Aufmerksamkeiten sind einfach himmlisch nostalgisch!

118 RUSTIKAL
Verpacken im Materialmix! Schneiden Sie den oberen Rand einer Papiertüte mit einer Zackenschere ab. Bringen Sie mit Klebstoff einen rundum laufenden Stoffstreifen und Stoffelche auf – topaktuell in karierten und geblümten Stoffen, die an skandinavische Wohndeko erinnern. Verzieren Sie den Stoffstreifen mit Knöpfen, Filzherzen und kleinen Nieten – und fertig ist die flotte Verpackung.

119 WINTERWEISS Diese Rentiertüten sind aus Prägekarton gearbeitet. Statt des stilisierten Tierkopfes können Sie allerdings auch einfachere Formen, wie Herzen oder Christbäume, einschneiden.

120 WIEDERVERWERTET So wird aus einer leeren Metall-Keksdose eine runde Verpackung: Überziehen Sie die Dose mit Stoff – hier kommt es auf weihnachtliche Muster wie z. B. Ilexzweige an. Den Deckel der Dose überziehen Sie mit ähnlich gemustertem Stoff in einer Kontrastfarbe. Formen Sie aus Watte einen großen Pausch, wickeln Sie ihn in den gleichen Stoff, den Sie auch für den Körper der Dose verwendet haben, und kleben Sie ihn in die Mitte des Deckels. Abschließend verzieren Sie den Rand mit einer Dekoranke.

Festtagsgrüße

Weihnachten ist das Familienfest schlechthin – aber manchmal können nicht alle Verwandten gemeinsam unter dem geschmückten Baum feiern. Ferne Familienmitglieder, aber auch Freunde, Bekannte und Kollegen freuen sich über eine stimmungsvolle Karte zum Fest. Gerne möchte man den Lieben einen Gruß zukommen lassen, der sich von der übrigen Weihnachtspost abhebt und dem Adressaten das Gefühl vermittelt, besonders liebevoll gegrüßt zu werden. Die Modelle in diesem Buch bieten Ihnen einen großen Vorrat an Ideen und Anregungen zu eigenen Kreationen. Ob Nikolaus, Weihnachtsengel oder Zuckerstange – die Adventszeit bietet so vielfältige Motivvarianten, dass Sie Ihre Weihnachtspost ganz individuell auf den Adressaten zuschneiden können.

HIMMLISCH Weihnachtsgrüße der besonderen Art: Dekorieren Sie doch in diesem Jahr semitransparente Umschläge mit goldenen Engelsflügeln. Diese Flügel lassen sich einfach mit einer stumpfen Stopfnadel in Goldfolie prägen und anschließend ausschneiden. Himmlisch!

BELEUCHTET Grüße dürfen auch dreidimensional sein. Diese schönen Weihnachtshäuser sind aus weißem Tonkarton, mit Transparentpapier hinterklebt. Beleuchtet werden sie mit einer Lichterkette. Nimmt man diese heraus, kann man das Häuschen ganz flach zusammenfalten und so verschicken.

ZART Schön sind auch ganz schlichte Kartenrohlinge, die Sie mit winterlichen Motiven bestempeln und abschließend mit kühl glitzernden Strasssteinen dekorieren.

WINTERLICH Bebasteln Sie einen Kartenrohling mit Scrapbookpapier, das Sie auf die Karte nähen. Stanzen Sie dann mit einem Schneeflockenmotivstanzer kleine Kristalle aus, die Sie auf die Karte kleben. Strasssteine in die Schneeflockenmitte und eventuell noch mit einem Textstempel „Viele Grüße" drum herum stempeln, fertig.

126 DYNAMISCH Diese flotte Karte erhält ihre besondere Dynamik dadurch, dass der Schriftzug der Rundung der Nikolausmütze folgt. Diese schwebt mithilfe von Abstandsklebepads über der eigentlichen Karte. Karte und Mütze mit Glitzerstift dekorieren.

125 SCHNÖRKELIG Falten Sie einen weißen Tonkarton zur Hälfte und schneiden Sie sich eine Klappkarte in Ihrer Wunschgröße aus. Beschriften Sie die Karte mit Ihren Weihnachtswünschen. Mit einem Glitzerstift können Sie nun eine verspielte Ranke aufzeichnen. Mit Abstandsklebepads befestigen Sie darüber Weihnachtskugeln, die Sie aus hübschem Motivkarton ausgeschnitten haben.

BESTERNT Schneiden Sie einige Sterne aus hübschen Motivkartons und Scrapbookpapieren aus. Nähen Sie dann ein Streifenpapier auf eine Klappkarte und fixieren Sie auch die Sterne mit pinkem Nähgarn. Da wundert sich die Nähmaschine und auch der Gegrüßte wird Augen machen!

NOSTALGISCH Herrlich nostalgisch: In diesem Jahr wird mit Glanzbildchen aus Omas Schatzkiste dekoriert! Nehmen Sie sich roten Tonkarton und die schönsten Engel aus Omas Sammlung. Dazu ein bisschen Spitze und einige rosafarbene Pailletten. Das Beschriften geht am besten mit einem weißen Lackmalstift – und schon haben Sie ein ganzes Sortiment an herrlichen Grußkarten.

NAHRHAFT Süße Grüße: eine Tüte voller Leckereien – ob für den Heimkinoabend oder für den Weihnachtskaffee, das bleibt Ihnen überlassen. Füllen Sie die Tüte und dekorieren Sie sie stilecht mit rot-weißen Textilbändern oder roter Zackenlitze. Der Clou an dieser Verpackung ist der Papierteller, der als Grußkarte umfunktioniert wurde. Diese Doggybag wird begeistern!

AUFWÄNDIG Skandinavische Weihnachtskarten mit Spitze und Zackenlitze: So liebevolle Karten bekommen Sie wohl nur auf dem Künstlermarkt. Bestickt, beklebt und kalligrafiert. Eine solche Karte ist für ganz besondere Herzensmenschen reserviert. Da lohnt es sich, auf dem Weihnachtsmarkt ein Weilchen zu suchen!

132 KUGELRUND Wenn am Geschenk der letzte Pfiff fehlt, die Grußkarten ausgegangen sind und die Bescherung schon ansteht, dann hilft nur noch der beherzte Griff in den Baum: Mit einem weißen Lackmalstift sind die Kugeln schnell mit Grüßen und Namen versehen. Ein Schleifenband in Rot-Weiß kariert sieht rustikal aus. Befestigen Sie die Grußkugel damit am Geschenk.

131 GEHÄKELT Wer sagt, dass Grußkarten aus Papier sein müssen? Auch ein Häkelanhänger wie dieses Lebkuchenherz kommt an! So einen originellen Gruß hängt der Beschenkte sicherlich gerne an den Weihnachtsbaum oder an die Haustüre.

FOLKLORISTISCH

Alpenglück und Hüttengaudi sprechen aus diesen Modellen. Verzieren Sie in diesem Jahr Ihre Karten und Grußanhänger mit stilisierten Malereien. Herzen und Schneeflocken erinnern an naive Bauernmalerei. Ein weißer und ein roter Lackmalstift und etwas Plusterfarbe sind dabei dienlich. Hier wurde zudem Tonkarton in Weiß, Beige und Rot verwendet.

135 TRENDIG Die Mischung aus poppiger Tütenfarbe und nostalgischer Karte liegt absolut im Trend. Die Weihnachtskarte wurde einfach auf Tortenspitze geklebt. Noch goldiger wird dieser Weihnachtsgruß, wenn Sie statt der Postkarte ein altes Kinderweihnachtsbild der zu Beschenkenden wählen.

134 EDEL Zurückhaltend und edel kommen diese stilisierten Christbaumkugeln daher. Schneiden oder stanzen Sie verschieden große Kreise aus schönen Ton- und Transparentpapieren. Mit hellgrünem oder rosafarbenem Nähgarn und einem flotten Tritt auf der Nähmaschine an der Karte fixieren.

137 ZÜNFTIG So sieht sie aus, die 3-Minuten Trachtenkarte. Eine bunte Klappkarte wird superschnell bebastelt: Mit einer Zackenschere ein Stoffrechteck ausschneiden. Wer möchte, kann Zackenlitze aufsetzen; das geht gut mit Textilkleber. Aus Bastelfilz 1 bis 3 Herzen ausschneiden und jeweils mit einem Knopf und einem schnellen Stich verzieren. Auch die Herzen mit Textilkleber fixieren. Umwerfend!

136 ANGEKLAMMERT Nur die Schönsten kommen in die Charts! Befestigen Sie einen dünnen Draht am Fenster- oder Spiegelrahmen und klammern Sie dort die schönsten Grußkarten der Weihnachtstage fest. Diese ist besonders schön, mit einem Holzherz in Fuchsia und einer kleinen Christrose. Und wie sieht Ihr Favorit aus? Machen Sie mit, Deutschland sucht die Superkarte!

VIELSAGEND Einfache Faltformen wie ein Fächer können dekorative Grüße beinhalten. So hat man auch mal Platz für einen längeren Text! Mit einer bemalten Holzwäscheklammer am Geschenkband fixiert sieht das sehr fröhlich aus. Mit einem Permanentmarker kann man den Namen des Empfängers auf die Wäscheklammer schreiben.

ZAHLUNGSKRÄFTIG Auch eine Karte mit einem traditionellen Tannenbaum-Motiv kann mit einer finanziellen Überraschung aufwarten. Den Schein einfach unter das Geschenkband stecken. Die Bäume sind entweder aufgenäht oder aufgeklebt.

KOLLEGIAL Kollegen grüßt man am besten mit Leckereien: Eine neue Tasse fürs Büro mit einem Kunstfellrand verzieren und anschließend mit Naschwerk befüllen. Einen kleinen Anhänger aus Ton- und Druckerpapier basteln, beschriften und mit Schlachterband am Tassenhenkel befestigen.

141
WÜNSCHENSWERT Post für den Weihnachtsmann: Schreiben Sie doch gemeinsam mit Ihren Kindern einen Wunschzettel ans Christkind oder an den Weihnachtsmann! Dann können Sie ihn gemeinsam ans Fenster oder zu den Socken an den Kamin hängen – am nächsten Tag sollte er dann natürlich verschwunden sein.

142
WORTGEWANDT Von Herzen kommen alle Briefe – aber diesem sieht man es auch an. Schreiben Sie doch mal einen Gruß in Herzform. Vor allem Omas freuen sich darüber sehr! Unerreicht.

BEEINDRUCKEND

Geflügelte Worte für Lieblingsmenschen: Mit einem Engelsflügel-Stempel kann man Alltagsbriefpapier weihnachtstauglich machen. Den Flügel kann man in allen Farben aufdrucken, besonders hübsch ist er in Frostblau und Burgunderrot. Himmlisch grüßen, das ist ja so romantisch!

ESSBAR Karte mit Keks: Liebe Grüße direkt aus der Weihnachtsbackstube sind natürlich bei jedermann beliebt. Vor dem Backen das Loch fürs Schleifenband nicht vergessen!

BESTÄNDIG Ein kleiner Weihnachtsbaum ist ein origineller Gruß, der bei richtiger Pflege noch viele Jahre lang erfreut. Die guten Wünsche wurden als Etikett in den Wipfel gebunden.

147 KÖSTLICH Gebackene Botschaften, kinderleicht! Zum Herstellen von Honiglebkuchenteig benötigen Sie: 250 g Honig, 125 g Zucker, 60 g Butter oder Margarine, 1 Ei, 1 TL Lebkuchengewürz, 500 g Mehl und 1 TL Backpulver. So wird der Teig angerührt: Honig mit Zucker und Butter in einem Topf aufkochen. Den Topf vom Herd nehmen und rühren, bis die Masse lauwarm ist. Das Ei verquirlen und mit dem Lebkuchengewürz zugeben. Mehl und Backpulver mischen und unterrühren. Den Teig gut kneten und auf einer mit Mehl bestäubten Arbeitsfläche 0,5 cm bis 1 cm dick ausrollen. Die Motive ausstechen und bei 160°C (Umluft) 8–10 Minuten backen.

146 GLITZERND Mit Glitterliner und ausgestanzten Sternen lassen sich schnell herrliche Karten zaubern. Achten Sie auf intensive, leuchtende Farben!

KUNSTVOLL Japanische Umschläge vom Origamimeister finden Sie mit etwas Glück auf dem Künstlermarkt oder einer Hobbymesse. Diese wundervollen, schweren Papiere eignen sich jedoch auch hervorragend als ganz besonderes Briefpapier. Sie erhalten es in jeder gut sortierten Papeterie.

BEFLÜGELT Engelsflügel sind im Trend. Gestalten Sie Ihre Weihnachtskarten in diesem Jahr mit goldenen Flügeln. Diese können allein oder auf einer Engelssilhouette stehen. Dazu einige kalligrafierte Weihnachtsworte – himmlisch!

FUNKELND Sternenregen in Silber und Gold: Aus Motivkarton mit Sternenmuster die schönsten Himmelslichter ausschneiden und damit tolle Karten zaubern. Abstandsklebepads verleihen Räumlichkeit. Gönnen Sie sich einen Sternenrausch!

151

ZACKIG Freunde der Nähmaschine aufgemerkt: Aus Tonkartonresten und Glitzerfilz lassen sich funkelnde Sterne nähen. Diese Weihnachtsgrüße im Steppstich sind ein haptisches Erlebnis!

152

PERLEND Klassische Sternkarten werden durch einige auf Draht gefädelte Perlen zu einem filigranen Augenschmaus. Indem Sie den Draht eng um ein Schaschlikstäbchen oder einen Zahnstocher wickeln, drehen Sie ihn zu Engelslocken.

ZUCKERSÜSS

Ilex, Zuckerstange und Kreuzstich gehören einfach zum Advent. Verschicken Sie Ihre Weihnachtsgrüße doch einfach schon im frühen Advent. Dann können die putzigen Karten noch als Weihnachtsdekoration eingesetzt werden.

154

TRANSPARENT Verstecken Sie Ihre Grüße doch einfach mal in einer semitransparenten Tüte. Mit etwas Weihnachtsgrün und einer Süßigkeit oder einem hübschen Holzstreuteil erscheint die Botschaft rätselhaft und doch verheißungsvoll. Dass keiner das Tütchen unerlaubt öffnet, stellen Sie durch ein Siegel aus rotem Siegellack sicher.

POETISCH Schreiben Sie doch zu jedem Adventssonntag auf ein glänzendes silbernes Tablett oder die Kühlschranktüre ein anderes Weihnachtsgedicht. Verwenden Sie dazu einen abwaschbaren Tafelmarker. Mit diesen literarischen Grüßen überraschen Sie sicherlich die ganze Familie.

AUFMERKSAM Kalorien sagen mehr als 100 Worte – zumindest bei diesen wunderhübschen Keksen, die mit alten Springerle-Modeln gebacken wurden. Verwenden Sie doch auch alte Formen wieder, die sich schon lange in Ihrem Familienbesitz befinden. Hübsch verschnürt sind solche Weihnachtsplätzchen ein lieber Gruß.

157 VERSTREUT Legen Sie Ihrer Weihnachtspost kleine Streusternchen bei. Sie haften statisch an Ihrem Briefbogen, rascheln geheimnisvoll im Briefumschlag und erinnern an das Märchen vom Sterntaler.

158 ROMANTISCH Liebesgrüße gehören vor allem in die Weihnachtszeit, denn nicht ohne Grund feiern wir das Fest der Liebe. Vergessen Sie also in dem ganzen vorweihnachtlichen Trubel den Menschen nicht, der Ihrem Herzen am nächsten ist.

159 EFFIZIENT Falls es wirklich schnell gehen muss, greifen Sie doch einfach auf eine Sammelmail an „everyone" zurück. Wenn Sie ein lustiges Bild (beispielsweise von sich selbst als Weihnachtsengel) anhängen und sich beim Texten richtig Mühe geben, verzeihen Ihnen Ihre Freunde und Bekannten sicherlich diese papierfreie Lösung.

160 AUSFÜHRLICH Es gibt Menschen, für die genügt uns eine Karte einfach nicht. Wir haben ihnen zu viel zu sagen. Jedes Detail ist wichtig. Dann ist es Zeit für einen Brief. Wir können Familienfotos beilegen, kleine Zeichnungen in den Text einfließen lassen oder lyrisch werden. Für vieles ist in den Tagen von Telefon und Email einfach kein Platz mehr. Da ist ein „echter" handgeschriebener Brief ein Geschenk voller Wertschätzung.

AUFGEPLUSTERT

Special effect mit Plusterstift: Plusterstifte sind Volumenwunder. Schreiben oder zeichnen Sie mit ihnen einfach wie mit einem gewöhnlichen Faserschreiber auf Ihre Weihnachtskarten. Mit einem Föhn angepustet wächst Ihre Linie schon bald über sich hinaus!

MUSIKALISCH Auch mit Musik kann man grüßen. Dazu muss man nicht unbedingt beim Radio anrufen. Es kann auch genügen, eine CD mit den erinnerungsträchtigsten Stücken zu verschenken. Ein solcher Gruß im Briefkasten kann sogar zu Tanzeinlagen führen!

163 GLOCKENREIN Süßer die Glocken nie klingen … entdecken Sie doch das Motiv der Kirchenglocken wieder für sich und Ihre Weihnachtsbasteleien. Manchmal kann es auch zauberhaft aussehen, wenn Sie einfach ein kleines Glöckchen an eine Karte binden.

164 BESTICKT Dieser Kreuzstich ist lediglich aufgedruckt. Das spart Arbeit und ist dennoch reizvoll. Gönnen Sie sich doch mal wieder einen Bummel durchs Bastelgeschäft – mal sehen, welche orginellen Tonkartons dort noch auf Sie warten!

165 BLÜHEND Der Weihnachtsstern ist wahrscheinlich der beliebteste Ersatzblumenstrauß der Weihnachtszeit. Hier ziert er aus Papier geschnitten eine Grußkarte. Sie können aber auch mit Seidenblüten arbeiten.

166 TELEFONISCH Nehmen Sie sich mal wieder Zeit für ein langes Telefonat mit Ihrer besten Freundin. Schließlich müssen nicht alle Grüße mit der Post kommen!

167 KALENDARISCH 24 Mal Post! Wenn Sie gerne schreiben, bietet sich für den diesjährigen Adventskalender eine Fortsetzungsgeschichte an. Portionieren Sie sie in 24 Kapitel – und heben Sie sich den Clou für den heiligen Abend auf!

168 ABWASCHBAR Auf einer Schiefertafel, auf der Sie sonst vielleicht zu Hause die Einkäufe vermerken, können auch ein paar schnelle Grüße notiert werden. Stellen Sie diese Tafel auf Ihren Platz im Büro oder in die Teeküche, sodass alle Kollegen die netten Worte lesen können.

170 BEKRÄNZT Ein festlicher Sternenkranz ist etwas für Bastler mit Fingerspitzengefühl. Aber lassen Sie sich doch inspirieren und verführen – vielleicht zu der Idee, eine mit Sternen verzierte Kordel um die nächste Grußkarte zu schlingen?

169 SCHLICHT Sie haben zwei linke Hände? Es gibt auch einfache Lösungen: Schreiben Sie Ihre Grußworte doch auf dem Computer. Die ausgedruckten Grüße können Sie dann ganz simpel aber wirkungsvoll mit buntem Papier und einem Motivstanzer gestalten.

172 ÜBERSCHÄUMEND Zu Silvester darf ein Gruß auch mal aus einer Wein- oder Champagnerflasche bestehen. Kleben Sie Ihre Grußworte einfach auf den Flaschenhals.

171 JÄHRLICH Vergessen Sie nicht die Grüße zum Jahreswechsel! Kaum sind die Feiertage vorüber, geht es auch schon weiter mit den Festen. Glücklicherweise lässt sich ein lieber Wunsch ja auch aufstempeln.

Der Christbaum ist das weihnachtliche Symbol schlechthin – aber nur wenige fragen sich bei seinem strahlenden Anblick, woher diese Tradition eigentlich kommt. Es gibt viele Erklärungen dafür, warum wir uns Nadelbäume in die gute Stube holen, wenn der Advent sich seinem Ende zuneigt: Auf der einen Seite sind immergrüne Pflanzen ein Symbol des Lebens – und somit sehr nahe am christlichen Ursprung des Weihnachtsfestes. Darüber hinaus sehen gläubige Christen im Tannenbaum eine Wiederholung des paradiesischen Baumes der Erkenntnis – die Christbaumkugeln stellen in diesem Bild den Apfel dar und verweisen auf den Sündenfall, der Jesus als Erlöser aller Menschen erst notwendig machte. Für die meisten von uns ist der Christbaum aber einfach das prächtigste Element, das die weihnachtliche Schatzkiste zu bieten hat. In diesem Kapitel finden Sie sowohl klassischen Baumschmuck wie Kugeln und Strohsterne, als auch ausgefallenere und moderne Dekorationsideen. So können Sie Ihren Baum ganz Ihrem Zuhause anpassen – oder jedes Jahr eine andere Variante ausprobieren. Denn das nächste Weihnachtsfest kommt bestimmt!

174 ANGEBANDELT
Samt-, Organza- und glänzende Goldbänder sind in der Weihnachtszeit die idealen Helfer, wenn es um festlichen Baumschmuck geht. Experimentieren Sie mit Farben und verschiedenen Materialien! Ein einfacher Styroporflachring wird zum Glanzpunkt, wenn Sie ihn mit wunderschönen Dekobändern umwickeln.

173 NATURGETREU
Ganz natürlichen Baumschmuck können Sie herstellen, wenn Sie die Blüte einer künstlichen Rose mit Klarlack besprühen und vorsichtig in weißem Zucker wenden. Wenn der gewünschte Frosteffekt erreicht ist, besprühen Sie die Blüte zur zusätzlichen Fixierung nochmals mit etwas Klarlack. Und schon können Sie Ihren Baum erblühen lassen.

KUGELRUND Sie möchten Ihre traditionellen Weihnachtskugeln etwas aufpeppen? Kein Problem – befestigen Sie auf dem „Äquator" der Kugel mit Heißkleber ein buntes Filzband und verzieren Sie dieses wiederum mit Pailletten oder kleinen Wachsperlen. Eine hübsche Satinschleife am Aufhänger rundet das Bild ab.

ANHÄNGLICH Diese kleinen Klammerwichtel machen sich besonders gut auf Tannengrün. Eine rote Mütze, ein stattlicher weißer Bart und zwei große Knopfaugen ... schon werden Holzwäscheklammern zum niedlichen Detail an Ihrem Christbaum!

177 FLAUSCHIG Einfach und doch sehr effektvoll: Verzieren Sie Ihren Baum mit roten Wollpompons, die Sie mit einem rot-weiß karierten Stoffband aufhängen. Dazu passend weiße Kerzen mit roten Punkten in roten Kerzenhaltern, und Ihr Weihnachtsbaum wird zum Retro-Traum in den typischen Nikolaus-Farben!

178 FARBENFROH Verpassen Sie Ihren einfarbigen Christbaumkugeln ein farbiges Schwänzchen. Suchen Sie mehrere bunte Satinbänder aus, knoten Sie sie zusammen und befestigen Sie sie an der Baumkugel. So wird das Tannengrün folkloristisch geschmückt.

179 BACKFRISCH Brauner Honiglebkuchen eignet sich sehr gut als stimmungsvolle und vor allem herrlich duftende Baumdeko! Figurbewusste setzen auf die Alternative aus Salzteig. Mehl, Salz und Wasser vermengen, auswellen und ausstechen. Das Loch für das Satinbändchen wird mit einem Zahnstocher gebohrt. Dann lassen Sie die „Plätzchen" trocknen oder backen sie sanft im Ofen. Anschließend können sie bemalt und mit Zuckerwerk beklebt werden.

180 ZÜNFTIG Styroporformen mit Pappmaché kaschieren – für die letzte Schicht sollten Sie Naturpapier wählen. Paketschnur als Aufhängung in die Styroporform einstechen. Bemalen Sie die getrockneten Herzen und Kugeln mit Acrylfarbe, Pluster- und Lackmalstiften.

181 **TIERLIEB** Wie wäre es mit einem Weihnachtsbaum für Piepmätze? Einen Baum im Garten mit roten Schleifen schmücken, Äpfel an dünne Fäden hängen und an die Zweige binden. Dazu entweder am Apfelstiel einen Perlonfaden befestigen oder den gesamten Apfel mit einer langen Stopfnadel durchstechen und so den Faden fixieren. Schon können sich Vöglein aller Art auf einen Weihnachtsschmaus freuen.

182 **PACKEND** Packen Sie doch in diesem Jahr viele kleine Geschenke und dekorieren Sie damit Ihren Baum. Dazu können Sie leere Kartonverpackungen in Geschenkpapier einschlagen und mit einer rot-weißen Kordel verzieren. Oder Sie verpacken tatsächlich Kleinigkeiten aus dem Drogeriemarkt oder Süßigkeiten – so macht auch das Abschmücken wieder Spaß. Dieser Baum darf geplündert werden!

183 ORNAMENTAL Baumschmuck muss nicht immer aus glatten, harten und einfarbigen Christbaumkugeln bestehen! Probieren Sie dieses Jahr doch mal andere Grundmaterialien wie Styroporkugeln aus und verzieren Sie sie mit Paketschnur. Mit Pappmaché kaschiert ergibt das eindrucksvolle Ornamente. Die Kombination aus verschiedenen Rottönen und goldenem Dekor wirkt besonders gut in Verbindung mit dem Grün der Tanne!

184 STOFFLICH Traditionelle Weihnachtsbäume kommen ohne sie aus, moderne ganz und gar nicht: Filz und Stoff in tollen Farben und Formen sind Trend! Spielen Sie mit Farbverläufen und stellen Sie zum Beispiel Retroblüten her, wie sie auf dem Bild zu sehen sind. Mit Heißkleber auf einfarbigen Kugeln befestigt machen sie ordentlich was her!

ZACKIG Sie sind eines der beliebtesten Motive der Weihnachtszeit und erinnern an den Stern von Bethlehem: Sterne in allen Variationen. Wenn Sie in diesem Jahr Abwechslung zu den herkömmlichen Strohsternen suchen, probieren Sie doch mal bunte Papiersterne aus! Auf jedem Künstler- und Weihnachtsmarkt werden diese in vielen Varianten angeboten.

ARABESK Mit Glitterliner und Klebestrasssteinen können Sie stilvolle Akzente setzen! Verzieren Sie matte Baumkugeln mit klassischen orientalischen Mustern und Arabesken. Durch das Licht der Baumkerzen kommen die geheimnisvoll glitzernden Ornamente besonders gut zur Geltung.

187 **VERSCHNÜRT** Buntes Satinband in Kontrastfarben lässt matte Weihnachtsbaumkugeln wie kleine Präsente aussehen! Verwenden Sie bei kleineren Kugeln schmale, bei größeren Kugeln breite Bänder. Ihr Weihnachtsbaum wird durch diese bunten Tupfen fröhlich strahlen!

GEFLÜGELT Engel sind die Weihnachtsboten schlechthin – im christlichen Sinne und auch, was die Baumdekoration betrifft. Achten Sie bei Ihrem nächsten Besuch auf dem Adventsmarkt auf die Vielzahl an geflügelten Himmelsboten, die dort aus unterschiedlichen Materialien und von bunt bis edel-einfarbig angeboten werden. Machen Sie Ihren Christbaum zum Engelshain!

MODEBEWUSST Modernes und Traditionelles miteinander zu verbinden ist der Schlüssel zu einer einzigartigen Baumdekoration! Die Modefarbe Lila ist in diesem Jahr absoluter Trend zur Weihnachtszeit – matte violette Baumkugeln, verziert mit etwas klassischer weißer Spitze, sind der ideale Kompromiss zwischen Chic und zeitloser Schönheit! Großartig übrigens auch mit schwarzer Spitze.

COOL Weißer Schnee und bunte Dekorationen – Weihnachten steht vor der Tür! Zeigen Sie diesen wunderschönen Gegensatz auch in Ihrem Baumschmuck: Weiße, glänzende Kugeln werden mit bunter Glitzerfarbe verziert. Das ist so kühl und cool, das passt in jedes Designambiente.

LECKER Das Naschen darf in der Weihnachtszeit natürlich nicht zu kurz kommen. Verstecken Sie kleine süße Wunder in Ihrem Christbaum – die Naschmäulchen in Ihrer Familie werden sich freuen! Zuckerstangen können ihrer Form wegen einfach an den Baum gehängt werden, andere Leckereien können Sie mit Satinband befestigen. Besonders kleines Naschwerk hängen Sie in einer durchsichtigen Plexiglaskugel an den Baum – das sieht schön aus und macht auch Freude, wenn der Baum abgeschmückt wird!

ZUCKERSÜSS Schokoladenkringel mit Zuckerperlen sind vor allem bei Kindern eine beliebte Süßigkeit. Einfarbiges Satinband durch die Kringel ziehen, oben verknoten und an den Baum hängen – fertig ist Ihre zuckersüße Baumdeko!

GLÄNZEND Die Sterne und der Mond, herrliche glänzende Rocailles und Glaskügelchen – was braucht es mehr für stilvollen Christbaumschmuck? Tragen Sie mit Klebstoff die Form eines Mondes oder eines Sterns auf eine einfarbige Baumkugel auf und bestreuen Sie die Fläche dann mit Perlen oder Mini-Glaskügelchen. Entfernen Sie überschüssiges Material – und schon leuchten Ihre persönlichen Himmelskörper mit den Kerzen um die Wette!

PRICKELND Auch ganz zurückgenommen kann ein Christbaum wundervoll dekoriert sein: Setzen Sie doch einmal auf durchsichtige Glasdekorationen und silberne Teelichthalter. Diese können wie auf dem Bild aus Spitztütchen aus Silberfolie bestehen. Die Muster drücken Sie einfach mit einer stumpfen Stopfnadel in die Folie, bevor sie diese zu einem Tütchen zusammenkleben. Diese Technik nennt sich Prickeln und macht auch schon kleinsten Helfern großen Spaß.

ABGEPACKT Gönnen Sie Ihren Christbaumkugeln ein warmes Versteck! Umwickeln Sie sie mit Stoffresten, die Sie mit farblich zum Stoff passenden Bändchen zuschnüren. Wie auf dem Bild zu sehen können Sie sich dabei in einer Farbwelt bewegen und mit verschiedenen Mustern spielen. Ein mit solchen Kugeln geschmückter Weihnachtsbaum kann viele Geschichten erzählen – je nachdem, welche Stoffe Sie verwenden!

INDIVIDUELL Mit Windowcolor und edlen Strasssteinen blinken Ihre matten Weihnachtskugeln bald in individuellem Glanz! Tragen Sie einfache Muster oder Figuren mit Konturenfarbe auf die Kugeln auf und verzieren Sie Ihr Werk nach Wunsch mit den glänzenden Steinen. Ein Blickfang im Weihnachtsbaum!

198 KINDERFREUNDLICH Gerade, wenn kleine Kinder mit Ihnen Weihnachten feiern, bietet sich Baumschmuck aus Stoff an. Der geht auch nicht kaputt, wenn er mal hinunterfällt oder genauer betrachtet wird. Bunte Farben machen den kindertauglichen Baumschmuck komplett!

197 GLÜCKLICH Holen Sie sich das Weihnachtsglück in Ihre vier Wände! Schmücken Sie Ihren Weihnachtsbaum mit diesem kleinen Fliegenpilz aus Stoff – auf dem Künstlermarkt finden Sie ihn in allen Varianten und Größen. Besonders fleißige Dekorateure können ihn auch selbst nähen und mit Füllwatte ausstopfen.

WEICH Kontrastreich geht es auch hier zu: Dunkle Stoffherzen werden mit rotem Stickgarn eingefasst und mit einer weißen Spitzenschleife verziert. Auch das umgekehrte Prinzip mit weißem Herz und blauer Schleife ist einfach herzig!

KONTRASTREICH Schwarz ist vielleicht keine klassische Weihnachtsfarbe, zusammen mit silbernen Ornamenten sind schwarze Baumkugeln aber ein sehr elegantes Detail am Weihnachtsbaum. Die dunklen Kugeln werden mit silberner Glitzerfarbe verziert oder beschriftet und wirken vor allem an weiß lackierten Zweigen sehr gediegen!

LEUCHTEND Faltkünstler aufgepasst! Eine Lichterkette mit selbst gefalteten Sternen aus stabilem, violettem Transparentpapier verzieren – so schmücken Sie den Weihnachtsbaum stilvoll.

PERLEND Edler Goldschmuck für den Baum. Gesteckte und gefädelte Perlensterne aus Wachsperlen, Rocailles und Messingdraht gehören zum traditionellen Weihnachtsschmucksortiment. Einfach unbeschreiblich schön! Sollten Sie keine solchen Schätze auf Ihrem Dachboden finden, dann nutzen Sie den nächsten Spaziergang über den Weihnachtsmarkt doch für die Suche nach so funkelnden Sternen!

OPULENT Aus tausendundeiner Nacht scheinen diese herrlichen Kugeln zu uns herüberzufunkeln. Mit Glitterfarbe bemalt, mit kleinen Strasssteinen beklebt – schnell und einfach erschaffen Sie selbst einen orientalischen Weihnachtstraum. Mit Rosenblütenblättern bestreut sind diese Kugeln fast zu edel für den Tannenbaum!

RUSTIKAL Weihnachten lässt an Berge im Schnee, verschneite Täler und alpenländisches Flair im Allgemeinen denken. Nutzen Sie diese Assoziation und schmücken Sie Ihren Baum mit Stücken im Trachten-Look. Nehmen Sie Motive wie das Edelweiß auf und verwenden Sie Materialien wie Holzscheiben und Filz. Viele Hobbykünstler verkaufen solche Produkte auf ihren Märkten – stöbern Sie doch mal wieder!

WÜRZIG Der Geschmack und Duft von Lebkuchen ist Weihnachten! Mit einer Messerspitze bohren Sie ein kleines Loch in den Lebkuchenteig. Backen Sie die kleinen Lebkuchenherzen und bringen Sie mit weißem Zuckerguss traditionelle Muster auf. Ziehen Sie eine schöne Kordel hindurch – nun kann der Dekospaß rund um Ihren Weihnachtsbaum beginnen!

AUSGESPART Kleben Sie Aufkleber in Sternenform auf matte Weihnachtskugeln. Betupfen Sie die Kugeln mit Strukturschnee, dazu eignet sich am besten ein Borstenpinsel. Entfernen Sie die Aufkleber wieder, und Sie erhalten bunte Sterne auf weißem Schnee. Ein herrlicher Blickfang zwischen den Ästen Ihres Baumes! Diese Schablonen-Technik funktioniert sowohl negativ als auch positiv.

SPENDABEL Alle Naschkatzen freuen sich, wenn sie im Weihnachtsbaum süße Kleinigkeiten finden! Basteln Sie kleine Körbchen aus Tonpapier und befestigen Sie sie mit einem Bügel aus Satinband am Baum. Nun können Sie sie nach Herzenslust mit bunten Süßigkeiten befüllen. Vorteilhaft: Auch leergegessen sehen die Körbchen noch hübsch aus und schmücken den Baum!

VERFILZT Baumdeko aus Filz ist ein echter Trend! Das kann auch daran liegen, das diese Deko kinderleicht herzustellen ist: Schneiden Sie beispielsweise ein Herz aus Bastelfilz zu, kleben Sie ein Röschen auf und verzieren Sie den Herzrand mit Zackenlitze. Mit einem Bürolocher stanzen Sie ein kleines Loch in das weiche Herz und fädeln ein folkloristisch besticktes Band hindurch. So verleihen Sie der ganzen Weihnachtsstube eine heimelige Atmosphäre.

NORDISCH Skandinavischer Lebensstil ist gerade um die Weihnachtszeit nicht mehr aus unseren Wohnzimmern wegzudenken. Und auch in Ihrem Weihnachtsbaum fühlen sich nordische Geweihträger wohl. Bemalen Sie eine kreisrunde Windradfolie mit Windowcolorfarben. Klemmen Sie diese Kreisscheibe zusammen mit etwas Kristalleis in eine teilbare Kunststoffkugel. Sie werden sehen: Elche sind Kult!

KÜNSTLERISCH Acrylfarben haften prima auf matten Weihnachtskugeln. Umwickeln Sie jede Kugel vor dem Bemalen mit einigen Haushaltsgummis und bemalen Sie nur die so entstandenen Segmente. Das ist Geometrie, die sich sehen lassen kann!

212 HISTORISCH So werden schwarz-weiße Familienfotos zum eleganten Weihnachtsbaumschmuck: Besprühen Sie Papierförmchen oder Pralinenmanschetten mit Goldlack. Kleben Sie auf den Fuß des Förmchens einen runden Ausschnitt aus einem Schwarz-Weiß-Foto und ziehen Sie einen Faden als Aufhängung durch den Rand. So entsteht ein ganz persönlicher Baumschmuck, der Ihrer Familie sicherlich viel Gesprächsstoff liefert.

211 ANTIQUARISCH Engel sind aus der Weihnachtszeit nicht wegzudenken! Mit einem Glanzbildchen aus Großmutters Schatzkiste und etwas Lametta lassen sich herrlich nostalgische Flügelwesen zaubern. So entsteht wundervoll traditioneller Baumschmuck!

214 PROFILIERT Nicht alle Baumkugeln haben eine glatte Oberfläche! Mit 3D-Verzierungen wie dieser Umwicklung aus Silberdraht, Wachsperlen und Pailletten erzielen Sie tolle Effekte! Dabei spielt auch der Kontrast zwischen dem dunklen Untergrund und den bunten Dekoelementen eine entscheidende Rolle. Lassen Sie Ihrer Fantasie freien Lauf!

213 INNOVATIV Ganz einfach lassen sich diese fröhlich-bunten Kugeln gestalten: Bringen Sie auf einfarbige Baumkugeln Klebepunkte und -streifen nach Belieben auf. Besonders hübsch wirkt dieser Baumschmuck, wenn Sie zarte Satinbänder in bunten Farben durch die Aufhängung der Kugeln ziehen und diese damit an den Zweigen befestigen. Auch Kindern wird diese farbenfrohe Dekoration gefallen! Für die Studentenbude eignet sich übrigens auch ein Drahtkleiderbügel als Baumersatz.

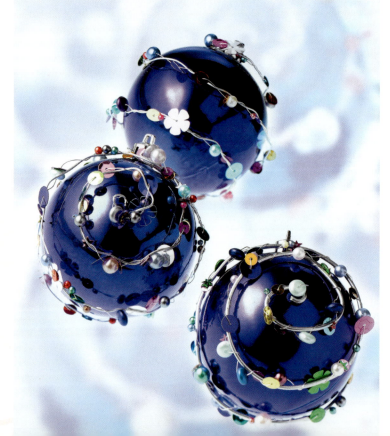

EFFEKTVOLL Schnell gemacht und dennoch effektvoll: Legen Sie einen Streifen Holografie- oder Glitzerfolie als Bauchbinde um Ihre Weihnachtskugel. So können Sie zum Beispiel auf einer matten cremefarbenen Kugel einen bunten Akzent setzen. In gleicher Weise können Sie auch mit einem hellen Streifen auf einer dunklen Kugel einen tollen Diskoeffekt erzielen.

ERHABEN Prägen Sie mit der Spitze eines Kugelschreibers Sterne auf eine Metallprägefolie in Gold oder Silber. Bemalen Sie die Rückseite der Sternmotive mit Windowcolor in Lila- und Rottönen. Dabei werden die Flächen rund um die einzelnen Sterne ebenfalls eingefärbt. Wenn die Farbe trocken ist, bekleben Sie die unbemalte Seite mit doppelseitigem Klebeband, schneiden die Sternmotive aus und positionieren alles am gewünschten Ort auf der Kugel. So geht auf Ihren Weihnachtsbaum ein Sternenregen nieder!

217 ANMUTIG Weißer Papierdraht lässt sich zu tollem Baumschmuck verarbeiten! Man kann ihn leicht zu Schnörkeln zurechtbiegen. Oben mit einer Perle fixieren und ab in den Baum mit dem filigranen Selfmade-Ornament!

218 HANDARBEIT Kleben Sie eine kleine Stumpenkerze mit wenigen Tropfen Wachs oder mit Wachsklebeplättchen in eine kleine Holzschubkarre. Diese können Sie nun mit einem Draht an einem Zweig Ihres Tannenbaums befestigen. Wenn Sie mehrere solcher Schubkarren anfertigen, können Sie den ganzen Baum mit ländlichem Charme erfüllen.

219 STROHIG Strohsterne gehören zu den ältesten Elementen des klassischen Christbaumschmucks. Sie sind in vielen Varianten erhältlich – mit eingearbeiteten Perlen, bunt gefärbten Strohhalmen oder eingewebtem Zierband. Sie möchten selbst kreativ werden? Weichen Sie einfach das Stroh etwas ein und arbeiten Sie auf einer Legeform, dann können Sie schnell und einfach selbst Sterne herstellen.

227 VOGELFREI Sie können kleine Schmuckstücke für Ihren Baum arbeiten, wenn Sie Formen wie diesen Vogel doppelt aus gemustertem Stoff ausschneiden, die beiden Teile bis auf einen kleinen Spalt zusammennähen und mit Füllwatte füllen. Beim Zunähen arbeiten Sie eine Kordel als Aufhänger ein. So bevölkern viele kleine Weihnachtsvögel Ihren Baum!

226 VARIABEL Stoff, Wolle, Perlen … der Kreativität sind bei der Suche nach Baumschmuck keine Grenzen gesetzt. Können Sie häkeln, nähen, sticken oder stricken? Dann stellen Sie selbst kleine Kunstwerke zur Verschönerung des Baums her. Falls Sie weniger gerne handarbeiten – der nächste Weihnachtsbasar mit selbst gemachten Kostbarkeiten kommt bestimmt!

TRADITIONELL Dieser Stern ist aus rot-weißem Karostoff und aus rotem Stoff zusammengesetzt. Weißes Zierband verbirgt die Naht zwischen beiden Stoffen. Und vergessen Sie nicht die Schleife mit dem kleinen Herzchen!

FORMVOLLENDET Herzen und Sterne sind Formen, die uns besonders ins Auge fallen und in fast jeder Material- und Ausstattungsform an Weihnachten erinnern. Allein mit diesen beiden Motiven, gefertigt aus Stoff, Papier, Spitze und vielem mehr, kann ein Weihnachtsbaum wunderschön geschmückt werden. Versuchen Sie es – Sie werden überrascht sein, wie viele Varianten Ihnen einfallen!

Festlich dekorieren

„Von drauß' vom Walde komm ich her ..." – dieses Kindergedicht kennt bestimmt jeder Weihnachtsliebhaber. Tatsächlich kommt heute nicht nur Knecht Ruprecht durch die Kälte gestapft und freut sich auf die Behaglichkeit der Weihnachtsstube, Weihnachten ist auch ein Fest, das mit Freunden und der Familie gefeiert wird und darum viele liebe Gäste mit sich bringt. Natürlich sollen diese sich wohlfühlen und schon beim Eintreten von der weihnachtlichen Stimmung eingefangen werden. Darum stellen wir Ihnen in diesem Kapitel zauberhafte kreative Dekoideen vor, mit denen Sie Ihr Haus in einen festlichen Winterpalast verwandeln können. Ob Sie nun das ganze Haus, ein einzelnes Zimmer oder nur bestimmte Plätze im Esszimmer und Empfangsbereich mit glanzvollen Motiven verschönern wollen, hier ist für jeden Dekorationstyp das Richtige dabei!

225 AUSGESTELLT Eine kleine Laterne kann zu Ihrer persönlichen Vitrine werden: Füllen Sie den Boden einer hübschen roten Holzlaterne mit frischem Moos. Kaschieren Sie sie zudem mit hübsch bestickten Bändern. In die Mitte stellen Sie eine kleine weiße Stumpenkerze, daneben arrangieren Sie Fliegenpilze aus nicht brennbarem Material. Schon haben Sie eine Wichtellaterne hergestellt, die Ihre Weihnachtsstube behaglich ausleuchtet.

224 BLECHERN Weihnachtssterne sind schon von Natur aus sehr dekorativ. Setzen Sie einen Weihnachtsstern in eine hübsche, sauber gespülte Blechdose (oder ein Zinkeimerchen). Diese stellen Sie auf ein kariertes Tischtuch, dazu dekorieren Sie eine rote Laterne und rot-weiß gemustertes Geschirr. Ein kleines skandinavisches Holzpferd rundet das Bild ab — so haben Sie ein Beistelltischchen oder ein Fensterbrett wundervoll weihnachtlich dekoriert.

227 ORANGE Ein einfacher Terrakotta-Topf wird zum tollen Dekoelement. Füllen Sie ihn bis gut zur Hälfte mit Holzwolle. Darauf drapieren Sie ein Gesteck aus Zieräpfeln und -paprika, Lampionblumen und Zweigen. Diese gibt es im gut sortierten Fachhandel oder auch auf dem Weihnachtsmarkt. In der Mitte befestigen Sie eine bunte Christbaumkugel. Über den Rand des Topfes dürfen einzelne Lampionblumen herunterhängen – drahten Sie die Samenkapseln einfach mit etwas Golddraht an. In Kombination mit weichen Filzuntersetzern in Sternform entsteht ein reizvoller Zimmerschmuck!

226 STUFIG Befüllen Sie eine hübsche Metalletagere mit roten Beeren, Rosen und Christbaumkugeln. Binden Sie eine breite rot-weiße Karoschleife an die Spitze der Etagere. Der Kontrast zwischen zarten Blumen, harten Baumkugeln und weichen Beeren ergibt ein interessantes Bild, und auch die unterschiedlichen Rottöne sind ein festlicher Augenschmaus.

BESCHENKT Der Schlitten des Weihnachtsmanns ist vielleicht etwas zu groß für Ihr Wohnzimmer, aber versuchen Sie doch mal diese Variante: Ein kleiner Holzkinderschlitten wird weiß gestrichen und mit einem Berg von bunt verpackten Geschenken beladen. Sie können diese Dekoidee auch als Ersatz für den Christbaum einsetzen, unter dem die Geschenke für gewöhnlich aufgebaut werden. Ihre Kinder werden Augen machen!

MORGENLÄNDISCH Orient-Fans haben sicherlich opulente Kerzenleuchter mit Prismen zu Hause. Um diese fit für den weihnachtlichen Dekomarathon zu machen, gehen Sie mit Windowcolor ans Werk. Verzieren Sie das Glas der Kerzenständer mit grünen und goldenen Punkten oder mit weißen und goldenen Sternen. Dazu farblich passende Kerzen, und schon können Sie Ihrer Weihnachtsstube etwas exotisches Flair verleihen.

230 SPIEGELND Sie möchten einen schönen Spiegel in Ihre Weihnachtsdekoration integrieren? Spannen Sie einen Olivenzweig locker von einer Seite des Spiegels zur anderen. Behängen Sie den Zweig zwischen den Blättern mit kleinen Herzen und Sternen. Einige Sterne können auch mit längeren Bändern herunterhängend platziert werden. Zwei rote Baumkerzen werden mit silbernen Haltern auf den Olivenzweig geklemmt – durch die Spiegelung erscheint es, als ob vier Adventskerzen leuchten würden!

231 SILBERHELL Schnell gemacht und ein netter Hingucker: Hängen Sie silberfarbene Ausstechförmchen mit Nylonschnur an einen Tischdeckenbeschwerer-Clip. Winden Sie um den Nylonfaden einige künstliche Ilexzweiglein. Wenn die Förmchen nicht genug glänzen, können Sie sie noch mit Silberspray besprühen.

BEHAGLICH Gemütlich und bequem sind solche Stuhlhussen aus Wolle. Wenn Sie selbst nicht allzu gerne stricken, können Sie auch tolle Einzelstücke auf dem Weihnachtsmarkt erwerben. Ein ungewöhnliches Detail: Eine Tasche auf der Rückseite der Stuhllehne, die zum Beispiel mit einem großen Dekostern gefüllt werden kann. So verbinden Sie kuschelig-weichen Sitzkomfort und eine originelle vorweihnachtliche Dekoidee!

BERÜCKEND Leider kann man auch an Weihnachten nicht alle alltäglichen Elemente aus dem Haus verbannen, um eine wundervoll festliche Stimmung zu schaffen. Darum müssen Alltagsgegenstände mit in die Dekoration eingebunden werden: Bekleben Sie die Rücken von Sammelordnern mit stimmungsvollen Weihnachtsbildern. Ein winterlicher Wald, viele bunte Baumkugeln oder fröhliche Lebkuchenhäuschen lassen Ihr Büro festlich erstrahlen!

WETTERFEST Dekorieren Sie doch auch Ihren verschneiten Garten! Eine robuste Dekoration bekommen Sie so: Befüllen Sie eine Zinkwanne mit Kiefernzapfen, Lampionfrüchten und Baumschmuck in Zapfenform. Dazwischen sitzt ein kleiner weißer Holzengel und wacht mit großen Augen über das weihnachtliche Arrangement.

235 SCHMUCK Geschenke gehören natürlich zu Weihnachten und sind auch als Dekoartikel sehr beliebt. Verpacken Sie mehrere Streichholzschachteln mit Papierresten und bunten Bändern zu kleinen Geschenken. Befestigen Sie sie auf einem mit Bastelfilz überzogenen Ring. Winden Sie weitere Bänder um den Ring und befestigen Sie sie mit Schleifen. Dazwischen können Sie kleine Filzelche aufkleben – so ist die Dekoration eine runde Sache!

236 POSTALISCH Weihnachtlich gestimmte Engländer hängen alle Weihnachtskarten, die sie bekommen, an einer Schnur im Zimmer auf. Versuchen Sie mal diese Variante des Brauchs: Befestigen Sie eine Buchsbaumgirlande vom Floristen am Rahmen einer Zimmertür. Verzieren Sie sie großzügig mit rot-weiß karierten Bändern. Dann hängen Sie in der Mitte Ihre schönste Weihnachtspost auf – so wirkt auch der Postbote an Ihrer Weihnachtsdeko mit!

HEISS Schicke Sterne: Auch in der Küche darf es trotz Festtagshektik besinnlich zugehen! Gönnen Sie sich zum Fest Topflappen in Sternform – die sind schnell genäht, schützen Ihre Hände vor der Ofenhitze und sehen wunderschön aus. Das Paradebeispiel für dekorative Gebrauchsartikel!

HANDFEST Gestalten Sie ein festliches, robustes Ensemble: Umkleben Sie die Hülle des Teelichts mit einem Stück Dekoband. Diese Kugeln zerbrechen nicht: Mit einem weiteren Stück davon verzieren Sie große Wattekugeln. Biegen Sie ein Drahtstück in der Mitte u-förmig, bestreichen Sie die Enden mit Klebstoff und stecken Sie sie oben in die Kugel. Oberhalb der Kugel wird der Draht mit Dekoband umklebt.

239

ENGELSCHÖN Adoptieren Sie doch einen kleinen Zauberengel vom Weihnachtsmarkt! Mit etwas Geschick lässt er sich aber auch selbst nähen. Geben Sie ihm ein Röckchen aus Tüll und eine Krone aus Silberdraht. Auf einem Sideboard oder einem Kaminsims inmitten von weißen Kerzen und durchsichtigen Glaskugeln platziert, erfüllt er Ihre Weihnachtsstube mit himmlischer Grazie!

240

GEDULDIG Wenn das Christkind den Weihnachtsbaum schmückt, müssen alle draußen bleiben! Mit diesem putzigen Türschild fällt das Warten viel leichter: Bekleben Sie einen weißen Holzrahmen mit Silbersternchen. Die rechte obere Ecke ziert ein aufgeklebter Engelskopf aus Gips. Nun noch einen Goldfaden an der Rückseite fest anbringen, damit das Schild hängen kann – und schon ist das Christkind sicher vor unerlaubten Blicken.

242 AUFGEREIHT Moderne Weihnacht mit hellem, warmem Licht: Aus Tortenspitze und Kopierpapier erschaffen Sie schnell kleine Lampenschirmengel. Wattekugeln werden zu Köpfen. Goldene Klebesterne und etwas Geschenkband runden die himmlischen Heerscharen vortrefflich ab.

241 HOCHGESTECKT Auch Weihnachten ist Saison für Blumenstecker! Stöbern Sie doch mal auf dem Künstlermarkt nach schönen Drahtengeln oder biegen Sie sie selbst. Diese befestigen Sie dann auf einem langen Holzstäbchen, verzieren das Werk mit einer blauen Satin- oder Karobandschleife und stecken es in eine mit Flechten gefüllte Glasvase.

243 ZEITLOS Eine einfache Laubsägearbeit wird durch aufwändige Bemalung zum folkloristischen Meisterwerk. Ein Lichtengel im Dirndl? Unvergänglich schön! Stöbern Sie doch mal auf dem Dachboden: Vielleicht findet sich dort ein in Vergessenheit geratenes Flügelwesen? Diese zünftigen Kerzenhalter erfreuen sich schon seit Jahrhunderten großer Beliebtheit; wer weiß, welche Schätze da auf Sie warten?

244 RUSTIKAL Sie haben im Herbst fleißig Lärchenzapfen gesammelt? Kleben Sie diese mit Heißkleber zu einem Herz zusammen und lassen Sie alles gut trocknen. Schlingen Sie dann ein breites rot-weißes Karoband hindurch und dekorieren Sie Ihre Türe damit. Auf die Schleife des Bandes werden noch zwei künstliche Blüten des Weihnachtssterns geklebt – und schon können Sie Ihre Gäste stilvoll empfangen.

BEKRÄNZT Moos ist ein tolles Naturmaterial, das auch im Winter zur Verfügung steht und lang frisch bleibt. Umwinden Sie einen Mooskranz mit rot-weiß gepunkteten Dekobändern und stecken Sie kleine Streudeko-Fliegenpilze und karierte Stoffsterne und -bäumchen darauf fest. Drehen Sie eine Gugelhupfform um und legen Sie den fertig dekorierten Kranz darauf. In der Mitte befestigen Sie eine schlanke rote Kerze. Mit dieser Kreation schaffen Sie eine gemütliche Stimmung beim Adventskaffee.

246 KOSTBAR Schnell gemacht und trotzdem sehr effektvoll: Legen Sie einen Granatapfel oder einen Kiefernzapfen in eine schöne Metallvase. Sehr schön sind auch Pinienzapfen. Zur Verzierung fügen Sie einige rote Glasnuggets dazu. Mehrere dieser gefüllten Vasen können Sie im ganzen Zimmer oder auch auf einzelnen Treppenstufen arrangieren. So legt sich Weihnachtszauber über das ganze Haus!

247 GELIEBT Belesen: Alte, nostalgische Kinderbücher können gerade in der Weihnachtszeit auf dem Couchtisch oder einem Notenständer als Hingucker und Gesprächsstoff dienen. Es ist einfach himmlisch, in diesen Erinnerungen zu schwelgen.

KUSCHELIG Gemütlichkeit ist Trumpf: Gönnen Sie sich eine weihnachtliche Decke fürs Sofa! Wer gerne strickt, kann so ein herrliches Stück auch selbst aus Wolle in Weinrot und Burgund erschaffen.

PRASSELND Kaminfeuer: Brennholz für den Kamin oder den Schwedenofen portionieren und mit weihnachtlichen Bändern verzieren. Für besonderen Wohlgeruch sorgen präparierte, harzhaltige Duftholzspäne oder getrocknete Orangenschale, die Sie unter Ihr Holz mischen können. Ein Klassiker ist Myrtenholz.

250 EINSICHTIG Schöne Glocken aus Glas können Sie als kleine Vitrinen verwenden! Stülpen Sie sie über einen kleinen Dekoengel oder eine künstliche Christrosen-Blüte. Einige Glassterne und ein dunkles, schmales Satinband runden das Bild ab. Unser Tipp: Diese Deko hält auch niedrigen Temperaturen stand und kann darum auch auf einem Tischchen im Garten platziert werden.

251 REIN Weiß ist zeitlos und elegant. Dekorieren Sie doch in diesem Jahr in facettenreichem Weiß. Die Kombination verschiedener Weißtöne – von hellstem Beige über Wollweiß bis hin zu reinem Schneeweiß – ist nahezu schwerelos und ungemein zart. Schön sind auch Accessoires aus weißen Federn.

252 VERZWEIGT Kaufen Sie im Bastelbedarf große Mistelzweige aus Filz. Legen Sie eine weiße Tischdecke auf, darauf positionieren Sie die Filzmistel. Nun verteilen Sie noch einige cremefarbene Teelichter darauf – sie stellen die Früchte der Mistel dar. Schon haben Sie eine raumgreifende, weihnachtliche Tischdekoration hergestellt.

253 SCHNEEWEISS Weiß ist die Farbe des Winters – sie taucht auch Ihre Räume in zuckrige Weihnachtsatmosphäre. Dekorieren Sie doch mal mit Schneebällen aus verschiedenen Materialien. Schneeballkerzen und weiche Pompons oder Wattekugeln ergeben ein harmonisches Winterbild.

VERSPIELT Farbtupfen im Winterweiß: Dekorieren Sie überall – auch ein Spiegel eignet sich dazu! Mit 24 kleinen bunten Umschlägen lässt sich beispielsweise ein schneller Adventskalender darauf zaubern. Vor dem Spiegel kleine Windlichter arrangieren.

SCHNITTIG Aus Tonkarton können Sie kleine Schlitten ausschneiden. An Teelichthaltern befestigen und mit einer kleinen Kordel am Kufenbug fixieren. Bestreuen Sie Ihren Tisch mit Dekoschnee und lassen Sie darauf eine große Schlittenpartie stattfinden! Die vielen Teelichter erfüllen den Raum mit wohligem Licht, die dunklen Umrisse der Schlitten bilden einen schönen Kontrast dazu.

FILIGRAN Buchs ist ein tolles Dekomaterial, das auch im Winter grün ist und Ihnen lange Freude macht. Winden Sie einen Buchsbaumkranz. Hängen Sie ihn an eine Zimmer- oder Schranktüre und platzieren Sie einen Holzhirsch in seiner Mitte. Das filigrane Tier kann man natürlich auch mithilfe einer Dekupiersäge selbst aussägen.

258 REDUZIERT Die Natur schenkt uns die schönsten Dekomaterialien, die ohne viel Aufwand toll aussehen. Winden Sie einen Kranz aus Reisig. Befestigen Sie eine Aufhängung aus einem breiten, cremefarbenen Satinband. Nun können Sie Ihr Werk mit Glocken aus Birkenrinde verzieren – und schon ist Ihr natürlich schöner Türschmuck fertig!

257 SCHRIFTLICH Weihnachtskissen à la française: Verwenden Sie für Ihre Dekoration schöne Schriftzüge – egal, ob auf ein Kissen gestickt, auf eine Vase gemalt oder auf Papier getuscht. Allein das Wort „Weihnachten" in verschiedenen Sprachen, wie auf dem Bild auf französisch zu sehen, macht viel her und verbreitet internationales Weihnachtsflair.

VIELSEITIG Eine Mischung aus maritimem und weihnachtlichem Ambiente schaffen Sie mit dieser Idee: Füllen Sie einen Blumentopf mit Holzspänen. Arrangieren Sie mehrere bunte Baumkugeln und Muscheln oder Schneckenhäuschen darauf. Hier können Sie auf den Kontrast zwischen den natürlichen Brauntönen von Topf, Schnecken und Holzspänen und dem edlen Violett der Kugeln setzen – ein wundervolles Arrangement für Ihr Fensterbrett.

ENTZÜCKEND Türklinken, Schrank- und Schubladenknäufe, auch der Gartenzaun und freuen sich über kleine, weihnachtliche Anhänger aus Bastelfilz. Herzen sind wieder aktuell! Aber auch kleine Vögel, Elche oder Sterne sehen entzückend aus.

261 MINIMALISTISCH Filzen Sie verschiedene Grüntöne mit der Nadel auf Styroporkegel. Der Sockel besteht aus mit dem Snow-Pen verziertem Leimholz und einer Messingstange. Um die Weihnachtsbäume zu dekorativen Einzelstücken zu machen, können Sie sie mit Spitze oder Perlen verzieren. Ziehen Sie mehrere Wachsperlen auf einen Messingdraht auf und wickeln Sie ihn um Ihr Bäumchen. Natürlich können Sie auch Perlen aufsticken – schmücken Sie Ihren kleinen Dekobaum genauso liebevoll wie seinen großen Verwandten!

BEHÜTET Erwerben Sie die Filzpilze auf dem Weihnachtsmarkt oder filzen Sie sie selbst mit der Nadel. Verzieren Sie die Unterkante des Pilzhutes mit etwas weißer Spitze, die Sie rundum mit kleinen Stichen leicht gerafft annähen. Anschließend können Sie den Hut mit seinen typischen Punkten versehen, indem Sie Wachsperlen in unterschiedlichen Größen aufnähen. Zauberhaft!

WEICH Schnell und einfach gelingt diese Dekoidee: Schneiden Sie aus Bastelfilz je zwei deckungsgleiche Sterne aus. Heften Sie sie mit großen Stichen und buntem Stickgarn zusammen, bis nur noch ein kleines Loch offen ist. Stopfen Sie den Stern mit Füllwatte aus und nähen Sie ihn komplett zu. Schon haben Sie sich einen Stern vom Himmel geholt, der nun am Türknauf oder Fenstergriff eine herrlich weihnachtliche Dekoration abgibt.

265
EINZIGARTIG Eiskristalle sind wunderschön und herrlich filigran. Gerade die Kombination zwischen einem kuschligwarmen Kissen und einem eiskalt-eleganten Motiv lässt Dekofreunde aufhorchen. Achten Sie beim nächsten Bummel über den Adventsmarkt auf selbst gestrickte Kissenbezüge – oft kann man da wunderschöne Einzelstücke finden.

264
HERZALLERLIEBST Bemalen Sie ein glattes Holzherz mit Aufhängung mit roter Acrylfarbe. Wenn diese getrocknet ist, verzieren Sie das Herz mit einem Schneemann und kleinen Schneeflocken. Binden Sie etwas Efeu und einige rote Beeren mit einer breite Karoschleife an die Öse. So heißen Sie Ihre Gäste herzlich willkommen!

BEKRÄNZT Aus einer einfachen Glaskaraffe machen Sie mit diesem Dekokniff eine weihnachtliche Punschkanne: Fädeln Sie Cranberries auf ein Stück Draht, legen Sie die Kette um den Karaffenhals und verzwirbeln Sie die Drahtenden miteinander. An der Vorderseite der Karaffe bringen Sie nun noch eine kleine Holzwäscheklammer mit einem Filzstern an – und schon können die Gäste kommen.

WIEDERVERWERTET Selbst eingekochte Marmelade ist gerade beim Adventsfrühstück ein gern gesehener Gast. Leere Marmeladengläser hingegen lassen sich prima als Dekoration verwenden: Verkleiden Sie sie mit schön gemusterten Geschirrtüchern! Sie können entweder ein kleineres Stück davon mit einem Haushaltsgummi über den Deckel spannen oder ein großes Stück mit Heißkleber um das ganze Glas kleben. Schon haben Sie ganz individuelle Vasen.

264 KNACKIG Winden oder kaufen Sie einen schönen Kranz aus Moos, Tannengrün und Efeu. Die verschiedenen Pflanzen fügen sich sehr dekorativ ineinander. Verzieren Sie den höchsten Punkt des Kranzes mit einer Karoschleife und einer Kordel. Befestigen Sie einen Nussknacker aus dem Erzgebirge, sodass er in der Mitte des Kranzes hängt. Nun kann der grimmige Geselle über Ihre gute Weihnachtsstube wachen.

265 TRADITIONELL Patchwork aus den liebsten Stoffen ist einfach und geht schnell. Diese gequilteten Sterne harmonieren vorzüglich mit den gewählten Karostoffen. So großartige Topflappen bringen Weihnachtsglanz in jede Küche. Probieren Sie es aus!

EISFARBEN Weiß und Blau sind herrlich kühle Farben, die an Eiszapfen, Schneekristalle und dicke Flocken denken lassen. Stecken Sie vier weiße, schlanke Kerzen auf einen Metallkerzenständer und dekorieren Sie um die Kerzen herum silberne, weiße und blaue Christbaumkugeln. So können Sie die eisige Farbkombination mit hellem Kerzenlicht erwärmen!

272 KONISCH Lampionblumen sind durch ihre einzigartige Form und ihre leuchtend-orange Farbe das perfekte Grundmaterial für einen dekorativen Blickfang! So entsteht ein origineller Weihnachtsbaum: Kleben Sie auf einen hohen Styroporkegel eine Blume neben die andere, bis der ganze Kegel von der Blütenpracht verdeckt ist. Wenn der Klebstoff trocken ist und die Lampions fest haften, können Sie das so entstandene Bäumchen mit kleinen Zweigen verzieren – und fertig ist ein außergewöhnlicher Christbaum.

271 BLÜHEND Effektvoll, und doch ganz einfach: Dekorieren Sie Ihre Tischmitte oder ein Fensterbrett mit roten Gläsern, Pailletten- und Christbaumkugeln. In jedem Glas arrangieren Sie eine rote Amaryllis-Blüte. Natürlich können Sie zum Fest der Liebe auch auf rote Rosen zurückgreifen!

273 GEPUNKTET Kerzenhalter sind ganz leicht selbst zu machen: Lackieren Sie Holzwäscheklammern mit Acrylfarbe, lassen Sie sie trocknen und tupfen Sie dann kleine Punkte in einer anderen Farbe auf. Ist alles trocken, können Sie eine schlanke Kerze in der Klammer befestigen. Toll als Minideko, Tischschmuck oder Gastgeschenk.

274 FARBENFROH Blumentöpfe grundieren und weiße Engel aufschablonieren. Füllen Sie die Töpfchen mit Holzwolle. Nun legen Sie obenauf einen Kranz aus Multiflora, Dekoäpfeln oder Lampionfrüchten, in der Mitte platzieren Sie eine glänzende Weihnachtskugel. Wenn Sie gleich mehrere solche Minigestecke herstellen, können Sie sie auf jeder Stufe der Treppe oder auf allen Fensterbrettern positionieren. So entsteht ein harmonisches und doch nicht uniformes Gesamtbild.

Egal, ob als traditioneller Adventskranz, als modernes Gesteck oder in Form des prächtigen Weihnachtsbaums – Tannengrün darf in keiner Weihnachtsstube fehlen! Es ist sogar ein so wichtiges Element, dass es zusammen mit dem Rot der Kerzen die klassische Weihnachtsfarbwelt bildet. Und auch, was den typischen Weihnachtsduft angeht, bilden Tanne und Kerzenwachs eine wundervolle Einheit. Allerdings werden Tannenzweige erst durch Dekoration und Arrangement zu einem Adventskranz – ein Fall für unsere Floristik-Tipps! Neben Tannenzweigen können Sie natürlich auch mit Misteln, Barbarazweigen oder Weihnachts-Hyazinthen Leben in Ihre Weihnachtsstube bringen – der Advent bietet eine erstaunlich große Fülle an floristischen Traditionen.

275 HEIMELIG Begrüßen Sie Ihre Feiertagsgäste mit einer hübschen Türgirlande. Nehmen Sie ein dickes Hanfseil als Basis und binden Sie darum mit Bindedraht büschelweise Fichtenzweige, Efeuranken und Buchs oder Ilex. Das Grün sollte sich dabei dachziegelartig überlappen. Mit Steckdraht hübsche (Deko-)Äpfel einstecken und abschließend ein langes Karoband um den Türschmuck winden. Sollte der Winter eher moderat sein, kann etwas Sprühschnee nicht schaden.

276 VERPACKT Wer nur wenig Platz für einen Christbaum hat, kann zu dieser Variante greifen: Ein kleines immergrünes Bäumchen für den Balkon erwerben, eine Minilichterkette durch die Zweige winden und den Topf mit viel Moos kaschieren. Ein weihnachtliches Schleifenband gibt zusätzlichen Halt. Legen Sie nun rustikale Holzsterne oder große Kiefernzapfen um Ihren putzigen Balkonschmuck.

277 ROSENROT Es ist ein Ros entsprungen …! Winden Sie aus Kiefern- und Koniferengrün einen lockeren Kranz. Rote und rosafarbene Stoffrosen, unterlegt mit etwas Efeu, einbinden und die Mitte mit rotem Christbaumschmuck füllen. Dieser interessante Kranz eignet sich hervorragend für das Gartentor, kann auf der Außentreppe liegen oder ein Balkongeländer zieren. Die Blüten leuchten im Schnee besonders schön.

277 HALTBAR Im Außenbereich sollten Sie wetterfest schmücken. Dieses Arrangement bietet sich an: Ein Metalltopf mit Efeu, getrockneten Orangen und einem silbernen Christbaumanhänger dekoriert, funkelt vom eingeschneiten Gartentisch herüber.

278 SCHLICHT Ein schlichter Weidenkranz kann schnell zu einer stimmungsvollen Weihnachtsdekoration werden: Mit getrockneten Kumquats und Strohsternen geschmückt, versprüht er ländlichen Charme.

EINLADEND Für Meisterfloristen ist sie ein Muss: Diese komplexe Türgirlande ist eine wahre Pracht! Sie wird aus Edeltanne, Eibenzweigen, diversen Koniferen, Ilex, Fichten- und Douglaszapfen, Salal und Ruskus gewunden und mit goldenen Kokossternen verziert. Natürlich kann man so ein aufwändiges Stück auch beim Lieblingsblumenladen bestellen, dann bleibt mehr Zeit für die Weihnachtsbäckerei!

SCHWINGEND Das sommerliche Rosenspalier wirkt im Winter oft etwas kahl. Hängen Sie doch in diesem Jahr eine Blumenampel voller Weißtannenzweige daran. Kleiden Sie das weihnachtliche Nest mit Silbereichenblättern aus und stellen Sie ein Windlicht hinein. Das funkelt herrlich!

SCHWERELOS Glastropfen, Mistelzweige und Teelichter sind eine anmutig-luftige Kombination. Zu einem grazilen Hängekranz gewunden ergeben die zarten Zweige einen modernen Leuchter über dem Esstisch.

PERLWEISS Irish Moos, Orangenblüten, Perlbänder und zarte Christbaumkugeln unter weißen Kerzen zaubern im Nu edle Weihnachtsstimmung. Arrangieren Sie die Kostbarkeiten auf einem großen Teller oder einer Kuchenplatte, das gibt Halt und verringert die Brandgefahr. Eine kerzenfreie Alternative ist eine weiße Hyazinthe in einem Hyazinthenglas als Gesteckmitte.

FRISCH Weiße Schneeflockenanhänger umspielen den erstaunlichen Strauß. Amaryllis, Rosen und Olivenzweige ergeben eine neue, weihnachtliche Mischung in edelstem Weiß.

285 ROMANTISCH Viel Charme auch bei kleinem Geldbeutel: Christrosen und zartrosafarbene Teerosen sind schnell zu kleinen Sträußchen gebunden. Als kleinen Farbklecks aufs Sideboard stellen oder als Überraschung für den Lieblingsmenschen auf den Frühstückstisch. Unendlich romantisch!

286 JUGENDLICH Für einen Nikolausbrunch genügt eine schnelle, unkomplizierte Blumendeko: Hauchzarte Glaskugeln auf der Tischdecke verteilen, weiße Blumenübertöpfe aufstellen und im unteren Drittel mit gewässerter Steckmasse füllen. Amaryllis in Zartrosa und Weiß hinein. Mehr braucht es nicht!

GLAMOURÖS Bereit für den roten Teppich: Die Rose ist die Diva unter den Blumen. Setzen Sie sie entsprechend in Szene! Ein Blumenübertopf kann mit einem Stück Federboa besetzt schnell die nötige Kulisse bieten. Arrangieren Sie darin einen Bund Schnittrosen. Glamourös!

IDYLLISCH Gemütlichkeit im Landhausstil: Rosen, Schneebeeren und Christbaumkugeln ergeben eine üppige Mischung, die jede Kaffeetafel zieren sollte! Achten Sie darauf, Rot und Lachsrosa zu kombinieren, so erzielen Sie den Eindruck eines bäuerlichen Gartens. Als Vase dient eine alte Waschschüssel mit Streublümchenmuster vom Trödelmarkt.

STANDHAFT Diese weihnachtlichen Stehsträuße mit Inkalilien und Johanniskraut sind originelle Meisterstücke für Floristikliebhaber. Schneiden Sie dazu alle Stiele gleich lang ab und binden Sie den Strauß direkt unter den Blüten zusammen. Ziehen Sie die Stiele gleichmäßig auseinander, sodass der Stehstrauß einen guten Stand hat. Stellen Sie das feurig-rote Prachtstück auf einen mit Wasser gefüllten flachen Teller.

UMFUNKTIONIERT Nostalgisches Adventsgesteck: Das ist der große Auftritt für Tante Lisas Suppenterrine! Füllen Sie das gute Stück mit Steckmasse und stecken Sie weiße, kurzgeschnittene Rosen hinein. In die Mitte stellen Sie eine dunkelrote Kerze in einem niedrigen Windlichtglas. Den Übergang zwischen Suppenschüssel und Rosenköpfen verstecken Sie am besten hinter einem breiten Schleifenband in der Farbe der Kerze.

UNKOMPLIZIERT Dieser Ministrauß ergänzt schnell und einfach jede rot-weiße Tischdekoration: Amaryllis, Rosen, einen Sternstecker, Multiflorabeeren und Hagebutten in einem roten Glas arrangieren und schon ist die Weihnachtsstimmung perfekt.

262 APFELGRÜN Binden Sie einen Kranz aus Eibe, Kirschlorbeer und Thuja. Vergessen Sie nicht, anschließend Ihre Hände zu waschen – diese dekorativen Zweige sind giftig! Die vier Kerzen entweder direkt am Kranz andrahten oder auf kleine Metalltellerchen stecken (das ist weniger feuergefährlich). Mit Heißkleber Dekoäpfel, Birkenscheiben und Sterne aus Birkenrinde fixieren. Etwas Sisalgras und eine filigrane Sterngirlande bilden den Abschluss.

263 EXOTISCH Edle Kränze und Gestecke sind in diesem Jahr ein Muss. Mit einigen farblich passenden Orchideen oder Calla-Lilien lassen sich auch fertig gekaufte Arrangements schnell und einfach aufwerten. Stecken Sie die Kostbarkeiten einfach zwischen die Zweige. Wenn möglich, mithilfe unauffälliger Orchideenröhrchen wässern.

ZIERLICH Weihnachtliches Empfangskomitee: Nikolause flankieren den Eingangsbereich. Ein kegelförmig geschnittener Buchs dient als Grundlage für diese Dekoration. Christrosen in Orchideenröhrchen mit Wasser stecken und im Buchsbaum verteilen. Glasprismen an einem Silberdraht befestigen und diese Girlande um den Buchs wickeln. Am Fuß des Buchses einen Herz-Anhänger sowie eine Schleife anbinden. Abgerundet wird die Dekoration durch einen kleinen Kranz sowie einen mit Moos gefüllten Dekostern aus Metall.

FRISCH Umgeben Sie eine hellgrüne Kerze mit Birkenrinde, Christrosen und hellem Ilex. Als Untergrund macht sich eine schwarze Zinkschale gut. Darauf einige kleine Zapfen verteilen. Zarte Engelsflügel und Perlkopf-Dekonadeln geben dem Ensemble einen feierlichen Anstrich.

297 GETUPFT Zartes Rosa und intensives Pink sind in diesem Advent Trumpf! Ein schnelles Adventsgesteck können Sie beispielsweise in einer Suppenterrine arrangieren: Steckmasse und Wasser hinein, Moos, Lärchen- und Fichtengrün darauf. Vier Kerzen andrahten. Um jede Kerze eine pink und hellgrün karierte Schleife. Etwas Glasschmuck dazwischen – so niedlich, so modern!

296 ZART Ein Tässchen Weihnachtslook gefällig? Setzen Sie einige Traubenhyazinthen (Muscari) in eine hübsche große Tasse. Die Erde decken Sie mit hellem Dekogranulat ab. Eine helle Christbaumkugel am Tassenrand oder an den Henkel gebunden rundet das ungewöhnliche Weihnachtspflänzchen ab.

ROSIG Der schlichte grüne Kranz aus Koniferen-, Fichten- und Kiefernzweigen bietet einen starken Kontrast zu dem duftenden Gesteckmittelpunkt aus pinken Rosenköpfen. Dazu die Rosenstiele kurz abschneiden und dicht an dicht in gewässerte Steckmasse stecken. Vier pinke Kerzen auf Metalltellerchen regelmäßig im Kranz befestigen und diesen mit matten und glänzenden Christbaumkugeln in Pink verzieren. Auch einige Satinbänder passen gut ins Gesamtbild. Das ganze Ensemble sollte auf einer wasserfesten Unterlage, etwa einer Kuchenplatte, stehen.

ÜPPIG Prachtstrauß in Pink-Orange, mit Amaryllis, Nelken und Schneebeeren. Zwischen die vollen Blüten werden knallige Kugeln gesteckt. Wenn diese aus Kunststoff, also leicht genug sind, können sie auch direkt an die Blütenstiele geclippt werden. Sollten Sie keine pinken Christbaumkugeln mit Schnörkelmuster bekommen, können Sie die orientalischen Kringel auch selbst mit silbernen und goldenen Lackmalstiften oder Glitterlinern aufmalen.

NAHRHAFT Augenschmaus: Kleine Gestecke aus Äpfeln, Erdnüssen und Zimtstangen auf Moos in Tontöpfchen eigenen sich prima als Tisch- oder Balkondekoration. Die Umgebung könnten einige Mooskugeln zieren. Am einfachsten entstehen diese, indem man einen Styroporrohling mit Moos kaschiert und mit zartem Draht umwickelt.

KOMPAKT So muss Weihnachten sein: ein prachtvoller, duftender Pyramidenstrauß mit matten und glänzenden Christbaumkugeln in Rot und Bordeaux. Buchs-, Thuja-, Fichten und Eibenzweige bilden die Basis, dazwischen tummeln sich Lampionblumen, Zimtstangen, getrocknete Orangenscheiben, Kiefernzapfen, Goldlocken, Filzsterne, Dekoäpfel, Walnüsse und Sternanis. Ein Blickfang ist zudem der große Stern aus Zimtrinde.

BEMOOST Das ist was für Handwerker: Sterne aus einer Spanplatte aussägen und ringsum mit Leim bestreichen. Mit Moos bekleben, das weiche Grün andrücken und trocknen lassen. Mit einer Kordel oder einem Band umwickeln und beispielsweise an der Eingangstüre postieren.

SCHWEBEND Eine Hängeampel kann auch im Winter Freude bringen: Mit einer kleinen Konifere bestückt und mit Moos kaschiert. Einige Kiefernzapfen darum und ein Bündel Zimtrinde dazu. Wichtig ist das rot-weiß karierte Stoffband, das um die Zimtstangen gewunden wird und das auch als Aufhängung fungiert. Es verleiht der kleinen Waldszene einen ländlichen Touch.

KUGELRUND Eine Rebenkugel (ø 30 cm) mit roter Scheinbeere, einigen bemoosten Zweigen, Zimtstangen, Sternen aus Orangenschalen, Walnüssen, Haselnüssen, Mandeln und einer langen Efeuranke dekorieren. Christbaumkugeln und Plätzchen in das grüne Nest – zauberhaft!

UNGEZÄHMT Ein Adventskranz aus saftigem Moos wird zu einem wild-romantischen Abenteuer: Zapfen, Zweige mit Flechten und Birkenrinde zwischen den rustikalen Kerzen verteilen, Rotwild darauf äsen lassen.

WOHLRIECHEND Mal was anderes: Kleben Sie mit Heißkleber 14–15 getrocknete Orangenscheiben überlappend auf einen Rebenkranz. Er geht blitzschnell, der duftende Türkranz aus getrockneten Orangenscheiben! Mit einem Zimtbündel und einer schönen Schleife verzieren.

308 NATÜRLICH Außendeko für Naturfreunde: Einen sechszackigen Davidstern aus Eukalyptus winden. Sehr schnell geht das, indem Sie zwei Dreiecke aus den Zweigen binden und diese mit Draht aufeinander fixieren.

307 BESCHEIDEN Für diese schlichte Dekoration wird aus Zweigen und Ranken ein Kranz gewunden. Dazu ist kein Korpus nötig. Mit einer Bastschleife und einigen Hagebutten verzieren.

HEIMATLICH Rebenkugeln für den Garten mit Sternanis, Walnüssen, Mandeln, Haselnüssen, Zimtstangen und Beerenzweigen verzieren. Das geht ganz flott, wenn Sie die Kleinteile mit Heißkleber fixieren. Die Birkenäste, auf denen die Kugeln stecken, mit Efeu und Tannenzweigen verzieren. Herzen aus Sperrholz sägen und mit Acrylfarbe bemalen.

ROTWANGIG Apfelreigen: Girlanden, beispielsweise aus rotbackigen Äpfeln und zarten Flechten, sind schnell gemacht: Mit einer Stopfnadel auf eine stabile Paketschnur fädeln und das Gartentor damit schmücken. Das sieht festlich aus und beglückt die Vögel am Heiligen Abend!

311 FILIGRAN
Für Kinder und Kindsköpfe ist dieser verspielte Adventskranz genau das Richtige! Ein kleiner, mit Lärchenzweigen umwundener Kerzenkranz wird an einem Ast mit roten Bändern fixiert. Unten steckt er in einem Frühstücksbecher mit Steckmasse, einem Stein als Gegengewicht und viel weichem Moos. Aus dem Moos sprießen kleine Fliegenpilze.

312 MODERN
Weihnachtsstrauß aus rotem Weihnachtsstern, Lysianthus und Chrysanthemen. Als Vase fungiert ein breiter roter Übertopf, dem Sie mit einigen Handgriffen eine Kunstfellkrempe verpasst haben. Nikolause an Blumensteckern in den Strauß setzen. Einfach und cool!

VERSPIELT

Dieser niedliche Adventskranz ist einfach süß! Aus roten Beerenzweigen gewunden und mit Schleifchen und Fliegenpilzen besetzt. Die weißen Kerzen leuchten mit den kleinen weißen Wattekugeln, den Schneebällen, um die Wette.

314 SKANDINAVISCH Ein Zinkeimer voller Amaryllis – weiß, lachsfarben und rot. Der skandinavische Farbenmix passt in jede Weihnachtsstube und die Optik ist einfach unschlagbar.

315 ORIGINELL Ein Adventskranz in Blau-Weiß: Kerzen im Küchenkarolook (schnell mit Wachsplatten oder Kerzenpen verzieren), mit Schleifen aus einem Geschirrtuch, Sternenkeksen und blau-weißem Schlachterband. Ihre Gäste werden Augen machen!

316 BEHÄNGT Verzieren Sie ihren Adventskranz doch mal mit lauter Lieblingsstücken: Gefilzte Pilze, genähte Herzen und allerlei Kuschelfiguren an Karobändern vom Hängekranz aus Buchs herunterbaumeln lassen. Dabei im Farbspektrum Hellblau, Rot und Weiß bleiben – sieht toll aus!

317 IMPROVISIERT Aus Bowl und Becher eine 5 Sekunden-Etagere improvisieren. In den Becher mit etwas Wasser eine strahlende Weihnachtsamaryllis setzen. Schnell und effektvoll!

378 PARADIESISCH

Dieser üppige Weihnachtsstrauß besteht aus Rosen, Ilexbeeren und mauvefarbenen Callas. Dazwischen einige Paradiesvögel mit Federschwänzchen klemmen. Man wähnt sich in einer orientalischen Oase!

VIOLETT Violettes Revier: Adventskranz mit Stumpenkerzen, beglimmerten Tannenzapfen, Schleifen und Kugeln in Violett gestalten. In die Kranzmitte kommt ein stolzer lilafarbener Glitterhirsch. So lieben wir Jagdtrophäen!

MÄRCHENHAFT Diese Glückspilze dürfen bis Silvester stehen bleiben! Verwunschene Fliegenpilze mit violetten Hüten aus lufttrocknender Modelliermasse zieren kleine Hebepflanzen. Alternativ sind auch kleine Windlichter mit Moos gefüllt als Pilzwiesen möglich. Märchenhaft!

ALPIN Wilde Alpenveilchen im Glas: Einmachglas mit Moos, Alpenveilchen und Alpendeko. Ein hauchzartes Chiffonband um die Glasöffnung binden, Hirsche und Edelweiß um die Gläser herum dekorieren.

321 SCHWIMMEND Anmutige Blüten – ein Wintergruß auf jedem Teller: Marmeladenglas mit Alpenveilchen und Schwimmkerze. Einfach und zart.

322 BEZAUBERND Elegante Tischmitte: Silberner Pokal mit Alpenveilchen in allen Varianten. Wählen Sie Blüten in Weiß, Violett und Pink.

325 ZUCKERSÜSS Binden Sie einen Kranz aus Buchs- und Fichtenzweigen; rote Beeren – beispielsweise Multiflora – büschelweise dazwischen. Pinke Kerzen mit Zackenlitze verzieren und den Adventskranz mit leckeren Zuckerstangen und Bonbons bestücken. Rot-weißes Schlachterband und breites, mit Nikolausen besticktes Schleifenband um den Kranz winden.

324 UNVERGÄNGLICH Das hält den gesamten Advent über: Eine süße Tischdekoration mit Engeln, silbernen Christbaumkugeln, Ilex und Stoffblumen. Engel finden Sie auf Weihnachtspostkarten oder Sie kramen nach den Glanzbildern aus Ihrem Poesiealbum-Fundus.

KNALLBUNT

Winden Sie einen Kranz aus Buchs und setzen Sie schlanke Kerzen in Karminrot darauf. Mithilfe von Orchideenröhrchen gewässerte pinke Rosen zwischen das Grün stecken. Kleine Päckchen packen und mit Satinbändern in leuchtenden Farben verschnüren. Die Päckchen andrahten oder mit Heißkleber am Kranz fixieren.

Tafelschmuck

Weihnachtsgans, Weihnachtsbraten, Weihnachtsplätzchen – schon unser Sprachgebrauch verknüpft die Weihnachtszeit eng mit kulinarischen Traditionen. Bestimmte Gerichte sind aus dem Weihnachtsritual nicht wegzudenken und versetzen die ganze Familie mit ihrem Duft und Geschmack in Hochstimmung. Noch schöner wird das gemeinsam genossene Essen natürlich, wenn die Tischdekoration schon vor dem ersten Bissen auf das köstliche Mahl einstimmt – das Auge isst ja bekanntlich mit. Im folgenden Kapitel finden Sie Vorschläge für die Gestaltung von Kaffeetafeln für einen gemütlichen Nachmittag im Advent, ebenso wie Tipps und Hilfen für großartige Gedecke für das große Weihnachtsessen. So hält der optische Eindruck, was der Duft von herzhaftem Braten oder zuckersüßem Gebäck verspricht!

327 KARIERT Verbinden Sie Schottenkaro und Weihnachtszauber! Fädeln Sie ein nach Wunsch verziertes Lebkuchenherz auf ein Karoband. Binden Sie es um eine schön gefaltete weiße Stoffserviette und platzieren Sie das Ganze in einem Porzellanschüsselchen mit Karomuster. Wenn Sie mehrere Lebkuchenherzen mit den Namen der Gäste beschriften, haben Sie so Tischdeko und Platzkärtchen in einem.

328 BLÜHEND Schneller Tischschmuck: Äpfel mit dem Küchenmesser um den Stiel herum ausschneiden, eine rote Rosenblüte hineinstecken (wer Rot nicht mag, nimmt eine weiße!) und mit rot-weißem Schlachterband verzieren. Das blühende Obst ist einfach umwerfend!

SCHOTTISCH Schottenmuster sind Trend – warum nicht auch auf Ihrer Tafel? Geizen Sie nicht mit kariertem Dekoband in Rot und Grün. Auch Geschirr mit dem beliebten Muster können Sie in vielen Variationen erstehen. Rote Kerzen, einige Walnüsse und ein üppiger Adventskranz ergänzen Ihren Festtischschmuck.

BERIESELT Dieser Tischschmuck setzt einem gelungenen Mahl die Krone auf! Ein Stofftischläufer in der Mitte des Tisches bildet die Basis. Darauf dekorieren Sie nun Mistelzweige und Erlenzapfen. Nun platzieren Sie im Wechsel einmal links, einmal rechts sechs Glaskerzenhalter mit weißen Kerzen darauf. Den Abschluss bildet ein Päckchen Streuschnee, das Sie über das Ensemble rieseln lassen. Nun können die Gäste kommen!

GEFALTET Servietten sind das Herzstück der Tischdeko. Über interessante Stoffe, faszinierende Muster und die richtige Farbwahl schaffen diese nützlichen Dekoelemente die Grundlage für eine gelungene Festtafel. Dabei gilt: Möchten Sie das Augenmerk des Betrachters nicht allzu sehr auf die Servietten lenken, verwenden Sie weiße oder cremefarbene Stoffe. Ist Ihre übrige Dekoration reduziert, dürfen die Servietten auch bunter sein.

BEFLÜGELT Aus einem schlichten Weinglas wird ein weihnachtlicher Kelch, wenn Sie kleine goldene Dekoflügel aus dem Bastelmarkt mit weißem Organzaband am Stiel befestigen. Für eine besonders himmlische Tafel bleiben Sie bei den Farben Weiß und Gold. Ein schimmernder Tischläufer auf weißer Damasttischdecke, weiße Kerzen in Glashaltern, und der Rahmen für ein beflügeltes Mahl ist geschaffen.

GLÄNZEND Eine wunderschöne Variante der himmlischen Engelsdeko stellen diese kleinen weißen Porzellanschiffchen dar: Füllen Sie sie mit weißen Federn und platzieren Sie zwischen den Daunen goldene Engelsflügel. Eine weiße Stumpenkerze in der Mitte sorgt für den nötigen Glanz.

APFELGRÜN Rote und grüne Äpfel schmücken diesen Weihnachtstisch, ein grüner Apfel in einer Muffinform dient als Platzhalter. Der rot-weiß karierte Tischläufer und das tannengrüne Satinband unterstreichen den Landhausstil. Ein Schoko-Weihnachtsmann lugt bei jedem Gast aus der zur Tüte gerollten Stoffserviette hervor. Das Schleifenband greift das Rot-Weiß des Tischläufers wieder auf, ebenso die roten Stumpenkerzen, die in kleinen Gläsern stehen und mithilfe von Kuchenstreuseln ein weihnachtliches Aussehen bekommen haben.

BEWALDET Füllen Sie weiße Porzellanbecher mit Steckmoos. Schneiden Sie aus grünem Filz den Umriss eines Tannenbaums zweimal aus und nähen Sie beide Teile zusammen, wobei Sie ein Holzstäbchen als Stamm befestigen. Rot-weiß karierte Knöpfe werden auf der Vorderseite aufgenäht. Nun noch eine rot-weiße Schleife um das Stämmchen gebunden, und fertig ist eine wunderschöne Tischdekoration!

KNACKFRISCH Ein Platzkärtchen, das schnell gemacht ist und knackig aussieht: Platzieren Sie einen grünen Apfel in einem rot-weiß gemusterten Muffinförmchen aus Papier. Drucken oder schreiben Sie ein Namensschild mit roter Schrift. Auf einen roten Unterteller gesetzt sieht das besonders hübsch aus!

337 HINREISSEND Callas sind sehr festliche Blumen, die zu einer edlen Tischdeko dazugehören. In Verbindung mit weißen Kerzen, Servietten und Tellern schaffen Sie eine besonders elegante Atmosphäre. Decken Sie für ein besonders ausgiebiges Mahl mit mehreren Gläsern und silbernem Besteck für mehrere Gänge, kommt der glamouröse Charakter der Dekoration noch mehr zur Geltung.

338 VERZAUBERT Wie von Zauberhand: Kleben Sie einzelne Stängel auf einen Nagel mit breitem Kopf, den Sie mit Silikon oder Dekoklebeband auf dem Boden einer Glasschale fixieren. So scheinen die Blumen von selbst aufrecht in der flachen Schale zu stehen. Zwischen den Stängeln platzieren Sie abschließend noch einige mit Acrylfarbe weiß bemalte Kieselsteine.

GEWICKELT Sie möchten einfache Glaswindlichter aufwerten? Befestigen Sie mit Klebewachs eine schlanke weiße Kerze auf dem Boden des Glases. Umwickeln Sie es mehrere Male mit weißem Edelbast und fixieren Sie ihn mit einer kleinen Schleife. Fertig ist die Tischbeleuchtung!

WEGWEISEND Auch tolle Tischkarten können Sie mit Bast gestalten: Bemalen Sie einen Kieselstein in Weiß und umwickeln Sie ihn mit Bast. Ebenfalls mit Bast befestigen Sie ein mit Namen beschriftetes und gelochtes Schild aus Tonkarton. Und schon können Ihre Gäste problemlos ihren Platz finden!

341 BLUMIG Christrosen sind besonders filigrane Weihnachtsboten, die festliche Stimmung auf Ihrer Weihnachtstafel verbreiten! Halten Sie beim nächsten Bummel über den Weihnachtsmarkt Ausschau nach Tischkränzen mit Christrosen. Dekorieren Sie dazu farblich passende Teelichthalter, und die glänzende Tafel ist perfekt!

342 GALANT Selbst gestaltete Menükarten sind immer ein Augenschmaus. Von außen passen sie farblich genau zu Ihrer übrigen Tischdeko, innen informieren sie Ihre Gäste über die Leckereien, die sie am Weihnachtsabend erwarten. Und auch nach dem Mahl haben Ihre Gäste Nutzen von dieser Dekoration: Sie können die Menükarte mit nach Hause nehmen und sich immer wieder an einen wundervollen Heiligen Abend erinnern.

STERNENGLEICH Sie haben schöne Papiersterne auf dem Künstlermarkt erstanden? Decken Sie Ihren Tisch wie gewohnt und setzen Sie auf jeden Essteller einen kleinen Dessertteller. Platzieren Sie nun einen der Papiersterne darauf – besonders schön wirken zu weißem Porzellan Sterne in kräftigen Farben. Als Sahnehäubchen klemmen Sie einen silbernen Baumkerzenhalter mit einer farblich zu Ihrem Stern passenden Kerze an den Rand des großen Tellers. Schon haben Sie mit wenig Mühe einen zauberhaften Effekt erzielt!

UMRANDET Einfach und stilsicher: Formen Sie aus einem breiten Streifen aus weißem Papier einen Serviettenring und kleben Sie die Enden zusammen. Schneiden Sie ebenfalls aus weißem Papier ein Tannenbäumchen aus, das die gleiche Höhe hat wie die Breite des Serviettenrings. Symmetrisch wird der Baum, wenn Sie das Papier hierzu in der Mitte falten. Nun fahren Sie die Ränder der Tanne mit goldenem Fineliner nach und kleben sie vorsichtig an der Knickkante auf den Serviettenring. Dazu eine rote Serviette, und fertig ist eine elegante Platzdeko.

VIELSEITIG Schneiden Sie mehrere deckungsgleiche Tannenbäume aus weißem Druckerpapier aus. Kleben Sie die Bäumchen zu einer 3D-Tanne zusammen. Fahren Sie die Außenkanten des weißen Bäumchens mit goldenem Fineliner nach. Verwenden Sie es anschließend als Speisekarte, indem Sie es wie ein Buch durchblättern und Ihr Menü auf den einzelnen Seiten notieren. Binden Sie am Schluss ein goldenes Bändchen an die Spitze des Baums – so wird die Vorfreude Ihrer Gäste auf das festliche Mahl noch größer werden!

GEHEIMNISVOLL Lassen Sie Pflanzen sprechen! Schreiben Sie jeden Punkt Ihrer Menüfolge auf ein kleines Zettelchen, rollen Sie es zusammen und befestigen Sie es mit Satinband an einem kleinen Tannenzweig. Diesen legen Sie dann auf den Platzteller jedes Gastes. Bestimmt wird nun mit Spannung entrollt und gelesen!

LEUCHTEND Der Tannenbaum ist eines der stimmungsvollsten Symbole der Weihnachtszeit. Schneiden Sie eine Tannenbaumgirlande aus weißem Druckerpapier aus, fahren Sie die Ränder mit goldener Farbe nach und kleben Sie die Bäumchen um kleine Glaswindlichter. Wenn Sie auf diese Art und Weise mehrere Teelichthalter gestalten, können Sie einen ganzen Weihnachtswald auf Ihre Festtafel zaubern!

347 GEMUSTERT Decken Sie Ihren Tisch mit einer weißen Tischdecke. Legen Sie ein breites rotes Satinband mittig über die Tafel und darauf ein rotes Organzaband mit weißen Punkten. Verteilen Sie dann weiße Christbaumkugeln mit rotem Muster und rote Kugeln mit weißem Muster darauf. Vollkommen wird der Gesamteindruck, wenn Sie passendes Geschirr verwenden und rote und weiße Glasteelichtbecher verteilen – nun hält Ihre Festtafel sicher jeder Musterung stand!

348 EINGEPACKT Während des Jahres werden normalerweise eher Papier- als Stoffservietten verwendet. Machen Sie die Weihnachtstafel zu einem ganz besonderen Tisch, und präsentieren Sie Ihre Stoffservietten in einer tollen Serviettentasche aus Stoff. Integrieren Sie in Ihre Tasche ein Namensschildchen, so haben Sie in der Serviettentasche auch noch ein Platzkärtchen untergebracht.

GEGENGLEICH Filigrane Tischdekoration bildet einen hübschen Kontrast zum oft bunt geschmückten Baum in der Weihnachtsstube! Suchen Sie bei Ihrem nächsten Besuch auf dem Weihnachtsmarkt ganz gezielt zum Beispiel nach hauchdünn gearbeiteten Papiersternen. Diese können Sie wie auf dem Bild zu sehen in Teelichthalter verwandeln. So strahlt Ihre Tischdekoration mit den Kerzen auf dem Baum um die Wette!

351 LÄNDLICH Sie möchten an Weihnachten zurück zur Natur? Kein Problem mit dieser herrlichen Tischdekoration! Rollen Sie eine weiße Stoffserviette zusammen und umwickeln Sie sie mit grünem Moos. Platzieren Sie darauf ein weißes Dekodetail wie die auf dem Bild gezeigte Hirschfigur. Decken Sie auch den Rest der Tafel mit Naturmaterialien wie Kiefern- und Tannenzapfen – so verbinden Sie natürliches Flair und Eleganz!

352 GESAMMELT Der Herbst bringt sehr viele natürliche Dekostücke hervor – sammeln Sie doch schon ab September Kastanien, Haselnüsse und Bucheckern. Auf der Weihnachtstafel wirken diese Naturschönheiten in Kombination mit gekauften Wal- oder Erdnüssen, Äpfeln und Mandarinen sehr stimmungsvoll.

354 BEZUCKERT Im Fachhandel erhalten Sie Schablonen, mit denen sich wunderschöne Muster auf runde Gegenstände wie zum Beispiel Äpfel auftragen lassen. Einfach auflegen, mit Zuckerguss ausfüllen, abnehmen und trocknen lassen. Diese zuckersüße Deko kann man, nachdem die Festtafel aufgelöst wurde, als Nachtisch verspeisen – mmh, lecker!

353 NATURSCHÖN Die gemütliche Kaffeerunde am Nachmittag des Weihnachtstages hat in vielen Familien eine lange Tradition. Rote Kerzen, rotbäckige Äpfel und rote Nikolausfiguren sorgen für gemütliche Stimmung. Dazwischen positionieren Sie frische Efeuranken – sie bilden einen weihnachtlichen Farbkontrast und bringen Frische auf Ihre Kaffeetafel!

356 PLATZSPAREND Schon kleine Tischdekorationen machen viel her, wenn Sie sie zueinander passend gestalten. Menükarte und Platzkärtchen in ähnlichen Farben und Formen oder mit gemeinsamen Elementen wie Strasssteinen wirken sehr edel. So ist jeder Platz schön dekoriert, und auf eine große Dekoration in der Mitte kann verzichtet werden, wenn es ansonsten Platzprobleme gibt.

355 AUFRECHT Stellen Sie Ihre Menükarte doch dieses Mal mit einer Banderole umwickelt auf den Tisch. So fällt das gute Stück gleich mehr ins Auge!

357 KUGELRUND Diese weihnachtliche Kugelkreation ist ein toller Ersatz für eine Dekoration mit Blumenvasen. Kleben Sie unterschiedlich große Baumkugeln mit Heißkleber aneinander und achten Sie darauf, dass einige Aufhängungen nach oben zeigen. Von diesen entfernen Sie die Ösen, füllen die Kugeln mit Wasser und stellen Rosen hinein. Wenn Sie möchten, können Sie die Rosenstiele zusätzlich mit Wolle umwickeln.

358 PERLEND Eine schöne Einladung ist der Anfang einer geglückten Tischrunde. Ihre Gäste werden erstaunt sein, wenn Sie Einladungskarte und Tischdekoration mit ähnlichen Elementen gestalten. Spielen Sie zum Beispiel mit verschiedenen Größenverhältnissen: Die kleinen Perlen auf der abgebildeten Karte können Sie durch große Baumkugeln auf der Tafel aufgreifen. Wenn Sie die gleichen Farben verwenden, wird bestimmt jeder auf Ihr Arrangement aufmerksam werden!

359 EDEL Weihnachten in der Toskana: Füllen Sie Hyazinthengläser mit Olivenblättern und Begonienblüten. Stellen Sie eine Kerze obenauf in das Glas und umwickeln Sie die schmalste Stelle des Glases mit einem dünnen Satinband. Hier können Sie Farben sprechen lassen und wunderschöne bunte Punkte auf Ihren Tisch zaubern!

360 LIEBEVOLL Hinterlegen Sie das Fenster einer weißen Passepartout-Karte mit fliederfarbenem Tonpapier. Schneiden Sie einen schmalen Streifen weißes Papier, auf den Sie das Wort „Menü" drucken; dieser wird im oberen Drittel des Passepartouts eingefügt. Nun verzieren Sie die Menükarte noch mit einem Mistelzweig aus dem Bastelladen – eine farblich passende Serviette dazu, und schon ist der Platz eines Gastes festlich mit einem traditionellen Weihnachtsmotiv geschmückt.

361 EINFALLSREICH Einfach und schnell gemacht sind diese filigranen Serviettenringe. Fädeln Sie Perlen in verschiedenen Größen und Farben auf einen Draht und verdrehen Sie anschließend die Enden miteinander. Sie können einen kürzeren Draht einreihig um die Serviette winden oder ein längeres Stück mehrmals.

GESCHMACKVOLL Efeu ist eine schöne Abwechslung zu Tannengrün, um lebendige Frische auf den Weihnachtstisch zu bringen. Umwinden Sie einen Steckschaumring kompakt mit frischem Efeu. Wenn Sie den Ring feucht halten, bleibt die Pflanze länger frisch. Nun positionieren Sie den Kranz auf einem Glasteller und stellen eine Kerze in die Mitte – besonders langjährigen Gästen machen Sie mit Efeu als Symbol der Treue ein schönes Kompliment.

GEWANDT Eine schlicht gefaltete Serviette wird zum Blickfang, wenn Sie sie mit einem dunkelgrünen Efeublatt und einer weißen Blüte verzieren. Hortensien eignen sich hier besonders gut. Das schlichte Grün-Weiß wirkt neben dem bunt geschmückten Baum angenehm beruhigend und schafft während des Festtagsessens eine angenehme Atmosphäre.

365 FILIGRAN Ein zarter Serviettenring aus einem Mistelzweig ist schnell gewunden. Überraschen Sie Ihre Gäste mit dieser natürlichen Dekorationsidee. Märchenhaft!

364 INDIVIDUELL Verzieren Sie doch einmal den Teller jedes Gastes mit einer tollen Tischdeko! Dazu füllen Sie eine kleine, schön gemusterte Glasvase mit Steckmoos und arrangieren eine hübsche Christrose mit einigen grünen Blättern dazu. Besonders individuell ist diese Aufmerksamkeit, wenn jeder Gast seine Lieblingsblüte erhält. Zusammen mit einer farblich passenden Stoffserviette ist das Ensemble perfekt.

KOSTBAR In die Schale von Orangen können Sie Muster schnitzen, die an die Verzierung von Weihnachtskugeln erinnern. Befestigen Sie wie auf dem Bild zu sehen einige weiße Perlen auf den Früchten und verteilen Sie sie auf der Festtafel. Der herrliche Orangenduft wird durch das Anritzen der Schale besonders intensiv freigesetzt und macht Appetit auf die edlen Stücke.

FRUCHTIG Diese Tischdeko verleiht Ihrer Weihnachtstafel den nötigen Vitaminkick: Stanzen Sie aus Orangenschale mit Plätzchenstechern kleine Sterne und Herzen aus. Fädeln Sie diese abwechselnd mit weißen und cremefarbenen Perlen in verschiedenen Größen auf einen Draht und befestigen Sie ihn am oberen Rand einer Kerzenglases. Unser Tipp: Verwenden Sie hier eine Kerze mit Orangenduft!

GLOCKENHELL Der Weihnachtsmann kündigt sich für gewöhnlich mit dem Schellengeläut seines Schlittens an – übernehmen Sie dieses Bild für Ihre Tischdekoration! Fädeln Sie je ein kleines Glöckchen auf ein Stück Karoband und formen Sie dieses zu einer Schleife. Mit Heißkleber fixieren Sie die Schleifchen nun in einigem Abstand am oberen Rand eines kleinen Windlichts. Verwenden Sie für mehrere Gläser Karoband in verschiedenen Farben und arrangieren Sie die Lichter auf einem schmalen Läufer aus Organzaband.

IMMERGRÜN Das Tannenmotiv macht jede Festtafel zum weihnachtlichen Winterwald. Kaufen Sie eine zweiteilige, stehende Filztanne, wie sie auf dem Foto zu sehen ist. Am Ende jedes Astes und auf der Spitze befestigen Sie mit Heißkleber bunte Glasperlen in Pastellfarben. Wählen Sie die Servietten dazu in einer Farbe, die sich auch im Schmuck des kleinen Christbaums wiederfindet. Fertig ist ein liebevoll gestaltetes Gedeck!

370

HERRLICH Diese dekorative Serviettenfaltung ist schnell gemacht und wirkt sehr edel: Legen Sie die gegenüber liegenden Ecken der Serviette übereinander und fixieren Sie sie mit einer Perlenstecknadel. Neben die Serviette legen Sie eine Orchideenblüte. Achten Sie bei der Wahl der Serviette darauf, dass ihre Farbe und die der Orchidee harmonieren.

371 FULMINANT Weihnachten ist eine prachtvolle Festlichkeit – darum können auch gerne die Königinnen unter den Blumen zum Einsatz kommen, wenn es darum geht, eine glamouröse Tischdekoration herzustellen. Füllen Sie einige hochstielige Gläser mit Orchideenblüten und drappieren Sie dann am inneren Rand des Glases entlang Schachtelhalme, sodass die Stiele der Orchideen nicht mehr zu sehen sind. Abschließend winden Sie noch einige grüne Ranken um den Kelch – schon ist ein toller Blickfang für Ihre Weihnachtstafel entstanden!

372 LANGSTIELIG Sie haben hochstielige Gläser im Schrank, die selten zum Einsatz kommen? Sie eignen sich prima als Grundlage für eine tolle Tischdeko: Füllen Sie sie mit etwas Spiegelsplitt und stellen Sie eine farblich passende Kerze hinein. Vielleicht wählen Sie eine Duftkerze, die so noch mehr Weihnachtsstimmung verbreitet?

373 MAJESTÄTISCH Der Gast ist König – diesem Motto werden Sie mit einer königlichen Tischdekoration gerecht! Auf Weihnachtsmärkten und im Fachhandel können Sie Teelichthüllen in Kronenform erwerben. Platzieren Sie diese auf einem edel gemusterten Tischläufer und setzen Sie je eine weiße Stumpenkerze in die Mitte der Krönchen. Wählen Sie Läufer und Servietten in Gold- und Brauntönen. Zum Abschluss können Sie noch einige Baumkugeln in ähnlichen Farben zwischen die Kronen legen.

374 VOLLENDET Schlagen Sie eine braune Stoffserviette mit goldenen Streifen so ein, dass einer dieser Streifen zu sehen ist. Nun formen Sie aus Goldfolie einen breiten Serviettenring und kleben beide Enden zusammen. Stecken Sie die Serviette hindurch, arrangieren Sie das Ganze dekorativ auf einem Suppenteller und legen Sie quer über die Serviette eine hübsche Ranke aus dem Bastelfachhandel. Schon haben Sie eine einfache und sehr stilvolle Platzdekoration geschaffen.

375 PUDERIG

Schön auf einem dunklen Holztisch: Keksförmchen als Schablone nutzen und mit Puderzucker Muster stäuben.

376 GEBROCHEN Wunderschön gefaltete Servietten sind der Höhepunkt jeder Festtafel! Wussten Sie, dass man beim Falten gestärkter Servietten vom „Serviettenbrechen" spricht? Die steifen Stoffe erzeugen ein knackendes Geräusch. Wählen Sie Leinen- oder Baumwollservietten für Ihre Tischdekoration und keine zu komplexe Faltung. Sonst sieht der Tischschmuck am Ende nicht einheitlich aus.

377 BLITZSCHNELL So zaubern Sie im Handumdrehen eine einzigartige Menükarte: Einfach mit einem Permanentmarker in Weiß die Menüfolge auf einen großen Blumentopf schreiben. Den Blumentopf mit Kies füllen und eine kleine Kerze in die Mitte setzen. Wer möchte, kann den Kies mit saftigem Moos kaschieren. So entsteht gleichzeitig auch noch ein rustikales Dekoelement für den Weihnachtstisch!

UNKONVENTIONELL Lassen Sie Mutter Natur dekorieren und machen Sie ein Picknick im Schnee: Einfach mal die Schiklamotten anziehen und mit den Lieben im Schnee speisen. Vergessen Sie aber den Glühwein nicht, der ist bei einem Schmaus im Schnee ein Muss!

UNVERBLÜMT Blumenmuster sind nicht nur für die Frühlingsdekoration erlaubt! Auf Bastelmärkten finden Sie tolle Winterblumen aus weihnachtlich gemusterten Papieren. Dekorieren Sie einige davon zusammen mit farblich passenden Baumkugeln entweder in der Mitte des Tischs oder, falls diese anderweitig benötigt wird, vor dem Platz jedes einzelnen Gastes.

Hell beleuchtete Fußgängerzonen, Lichterketten in den Fenstern und natürlich Kerzen in allen Variationen – Weihnachten ist in der eher trüben Winterzeit ein wahrer Lichtblick. Schon die Kelten feierten um den 24. Dezember herum die Wintersonnwende, also ebenfalls ein vom Licht geprägtes Fest. In der christlichen Tradition wird Jesus als das Licht der Welt verstanden, durch seine Geburt soll den Menschen Hoffnung gegeben werden.

Welche große Wirkung stimmungsvolles Licht hat, kann man gut an der Reaktion kleiner Kinder erkennen, die ihr erstes Weihnachtsfest bewusst erleben: Da kommen kleine Augen aus dem Staunen nicht mehr heraus.

Welche Möglichkeiten es für stilvolle Beleuchtung gibt, wie Sie mit Kerzen und unterschiedlichen Materialien strahlende Effekte zaubern können und wie Sie auch mit kleinen Mitteln tolle Deko-Highlights setzen können, das alles und noch viel mehr erfahren Sie im folgenden Kapitel.

TRAGBAR Laternen im Moosbett: Auf einem Tablett arrangiert, können Sie Ihre kleine weihnachtliche Lichtinsel immer dorthin tragen, wo Sie sie gerade brauchen – in den Eingangsbereich, auf den Balkon oder zum Couchtisch.

ANTIK Alte Fußbodendielen bekommen eine neue Funktion: Mit vier großen Nägeln versehen wird das alte Holz zum Adventskerzenhalter. Kleine Drähte mit Kiefernzapfen verleihen dem Arrangement Leichtigkeit.

PORTIONSWEISE Kaffeehauscharme: Weihnachtliche Kerzentassen können Sie mit Wachsgranulat, einem Docht und alten, ausrangierten Kaffee- und Teetassen unaufwändig selbst machen. Auf einem Silbertablett servieren.

RETRO Kleine Laternen aus zweifarbiger Bastelalufolie sind schnell gemacht und erinnern an früher: Ein beliebig großes Rechteck der Länge nach falten und regelmäßig über den Falz einschneiden. Dann zur Röhre kleben und etwas nach unten drücken. Ist das Rechteck 22 cm x 12 cm groß, hat es genau die richtige Größe für ein Teelicht.

FUNKELND Die Auffahrt erhellen: Spülen Sie alte Konservendosen und frieren Sie sie mit Wasser gefüllt ein. Dann können Sie mit Hammer und Nagel Schnörkel und Muster in die Dosenwände schlagen. Eine Kerze hinein, und schon funkelt es wetterfest im Außenbereich.

TRANSPARENT Transparentpapier ist ein grandioses Bastelmedium. Mithilfe einer Fünfeckschablone lassen sich tolle Laternen mit Pentagrammmuster falten. Wem das zu mühsam ist, der kann auch über den Weihnachtsmarkt schlendern und dort nach schönen Laternen in samtigen Farben stöbern.

387 PRACHTVOLL Sind das schöne Leuchter! Kerzenleuchter aus Pappmaché mit schönem Papier kaschieren, die Kanten mit goldener Konturenpaste nachfahren. Holzbuchstaben ebenfalls mit Schmuck- oder Geschenkpapier beziehen und dann mit einer dicken Kordel an den Kerzen befestigen. Um den Fuß jeder Kerze eine Moosgirlande winden – Merry X-Mas!

386 GOLDRICHTIG Bekleben Sie doppelseitige Klebefolie mit schönem Geschenkpapier und beziehen Sie einige Windlichtgläser damit. Die Glaskante kaschieren Sie jeweils mit einer Thuja-Girlande, dann wirkt das Lichtglas wirklich edel und sogar antik.

LASIERT Vermischen Sie die Paste eines Snow-Pens mit etwas Wasser. Nun können Sie die Scheiben einer Glaslaterne mit weihnachtlichen Motiven bemalen – ein himmlischer Herold ist da genau das Richtige!

IDYLLISCH Schneiden Sie aus einer weißen Wachsplatte verschieden große Kreise aus und verzieren Sie damit eine rote Stumpenkerze. Füllen Sie etwas Sand in ein Windlichtglas und stellen Sie die Tupfenkerze hinein. Winden Sie nun ein adrettes Band und frischen Efeu um den Rand eines Korbtabletts. Dekorieren Sie es abschließend mit kleinen Fliegenpilzen und einer Schleife.

390 UNKOMPLIZIERT Bemalen Sie einen Kiefernzapfen mit weißer Acrylfarbe. Ist er getrocknet, kann er als kleiner Kerzenständer fungieren. Auch ganz alltägliche Haushaltskerzen werden schnell zu schmucken Weihnachtslichtern, indem Sie ihnen etwas Karoband als Banderole umlegen und zur Schleife binden.

391 WARM Mithilfe von Spitzenresten und weichem Schleifenband erhalten große und kleine Teelichter ein neues Kleid zum Fest. Das sieht übrigens auch in Grün- und Türkistönen festlich aus.

362

GOLDEN Eine Lichterkette wird mithilfe eines breiten goldenen Schleifenbands zu einer festlichen Lichtdekoration. Einfach große Schlaufen um die einzelnen Lichtkegel legen und verkleben. Wenn es schnell gehen muss, kann das Band auch getackert werden. Die Klammern können Sie gut mit weißen Flaumfedern kaschieren.

363

KRISTALLKLAR Hängen Sie verschiedengroße Glasprismen und Kristalltropfen an einen großen Kerzenleuchter. Je mehr Arme dieser hat, umso prächtiger und funkelnder wird das frostige Lichtarrangement.

WIEDERENTDECKT Trachtenband satt: Bestickte, farbenprächtige Bänder mit folkloristischen Motiven sind absolut im Trend. Kleistern Sie ein Windlichtglas ein und umwickeln Sie es mit den schönsten Bändern. Kanten dürfen offensiv mit schöner Litze gestaltet werden.

AUFSTEIGEND Lichtleiter: Sicher haben Sie noch eine alte Holzleiter vom Herbst im Garten stehen. Räumen Sie sie nicht weg! Kreieren Sie sich daraus eine Stairway to Heaven: Befestigen Sie Lampions, Windlichter und Laternen mit Bindedraht an dem guten Stück. Kerzen hinein, und schon erstrahlt der winterkahle Garten in mildem Glanz.

SCHWIMMEND

Wasser als Weihnachts-Wellness für die Augen: Ein Gefäß voller Schwimmkerzen wird noch romantischer, wenn Sie seinen Rand mit Zweigen, getrockneten Rosen und Holzsternen schmücken.

VERZÜCKT Für die Prinzessin in uns: Obstbaumzweige, Rinde, getrocknete Rosen und Platanenfrüchte mit Myrtendraht zum Kranz flechten. Wachsperlen auf einen Messingdraht fädeln und über den Kranz legen. Eine Kerze mit Naturbast umwinden und in die Kranzmitte stellen.

SCHWÄRMERISCH Ein Hauch von Spitze: Alte Spitze oder andere duftige Stoffe aus Omas Wäschetruhe um ein ausgedientes Marmeladen- oder Windlichtglas ziehen, Kerzlein hinen – herrlich! Diese robusten Recycling-Windlichter können Sie auch im Schnee vor der Haustüre oder auf dem Balkon leuchten lassen, so wird die frühe Dämmerung stilvoll gefeiert.

WEICH Windlichter im Schafspelz: Warmes Licht erhalten Sie, wenn Sie Ihre Windlichtgläser in Moorschnuckenvlies einfilzen. Arbeiten Sie dabei hauchdünn und walken Sie die Wolle nur wenig, damit das Licht nicht vollständig geschluckt wird. Strangwollefasern in Rosa, Rot, Orange, Hell- und Dunkelgrün unten auflegen.

STRAHLEND Ein Tablett voller Moos und Multiflorabeeren. Dazwischen einige Tontöpfchen mit weißen Kerzen. Das Ganze mit Sprühschnee überzuckert und von zarten Kristallen geküsst ... das ist Landhausweihnacht vom Feinsten!

GLÄNZEND Lichtermeer: Eine große Keksform dient zur Begrenzung dieses maritimen Weihnachtsschmucks. Stellen Sie vier Kerzen in kurzen Leuchtern in die Mitte und bedecken Sie die Leuchter mit allerlei perlmuttfarbenen Meeresfundstücken und Baumschmuck in Champagnertönen.

402 VERTRÄUMT Es geht ans Eingemachte! Einmachglas mit einer Stumpenkerze, Multiflorabeeren und einigen Zieräpfeln füllen. Ein hübsches Schleifenband im Karomuster schließt das Glas nach oben hin ab.

403 UNERWARTET Blitzschnell: Dünne Floristenkerzen in einen Blumentopf oder Zinkeimer voller Sand stecken und vor der Eingangstüre oder auf dem Balkon positionieren. So können Sie auch bei spontanen Einladungen Ihre Gäste festlich empfangen.

ANDÄCHTIG Blumentöpfe in einem Gewand aus rotem Filz mit einem Edelweiß als Gürtelschnalle – wenn das kein Hingucker ist!

SAGENUMRANKT Winterwald: Ein Adventsgesteck mit Moos, Kiefernzapfen, Hagebutten, etwas Buchs und ein paar Pilzen sieht einfach märchenhaft aus. Dazu ein kariertes Band – wunderhübsch!

406

HELL Vorratsgläser mit Mistelzweigen und großer Kerze füllen, um den Rand etwas Glasschmuck. Zart und schwerelos ... und diese fantastischen Schatten!

EDELWEISS Windlichter mit silbernen Kerzen, Spitze und Edelweiß dekorieren. Ein Thujazweiglein dazu und mit silbernen Kugeln, kleinen Bilderrahmen und weiteren Edelweißanhängern arrangieren. Das ist spitze!

KNACKIG Apfellicht: Mit einem Apfelausstecher den Stiel aus einem Granny Smith heraustrennen und eine mit einem Snow-Pen verzierte Kerze hineinstecken. Ist das Loch zu groß geworden, einfach etwas Alufolie um die Kerze wickeln oder ein Tannenzweiglein dazu stecken. Schon haben Sie eine vitaminreiche Leuchte.

410 DEZENT Eiszapfen-Look: Eine Lichterkette lässt sich mit etwas Strohseide und kleinen Kristalltropfen schnell vereisen. Die Stohseide zu kleinen Tüten kleben und die Kristalltropfen mit Silberdraht an der Tütenspitze fixieren.

409 HURTIG Eine Tasse voll Licht eignet sich als Spontangeschenk oder improvisierte Dekoration: Einen Kaffeebecher mit Zapfen und Zimtstangen füllen, eine Stumpenkerze in die Mitte, und fertig ist das kleine Arrangement.

MILD Pergamenttütchen sind nicht nur was fürs Pausenbrot. Ein Windlichtglas hineingestellt verbreitet sanftes Licht. Zwischen Glaswand und Papiertüte einen kleinen Strohstern schieben – so zaubern Sie einen herrlichen Schatteneffekt.

413 VEREINZELT Einzelne Baumkerzen lassen sich überall in der Wohnung anclippen. Besonders schön sieht das in Kombination mit etwas Buchs oder Ilex aus. Lassen Sie die Kerzlein aber nie unbeaufsichtigt brennen!

412 SPORTLICH Ungewöhnlich sportliches Licht: Federbälle werden schnell zu fröhlichen Lampenschirmen für eine Lichterkette. Bohren Sie ein Loch in die rote Kappe und stecken Sie jeweils ein Licht hindurch. Nun bekommt jeder Lampenschirm ein rot-weiß kariertes Geschenkband umgebunden – das macht nicht nur Badmintonfreunden gute Laune!

GEFÜLLT Ein Einmachglas voller Süßkram, das ist an sich schon prima. Aber mit einem kleinen Buchskranz auf dem Deckel und vielen leckeren Zuckerstangen wird es schnell zum Blitz-Adventskranz der Extraklasse.

NETT Tischdeko, Lichtidee und Namensschild in einem: Einen Apfel mit einer Kerze und einem Namensschild versehen – besonders süß ist das in Kombination mit einem Hagebuttenbüschel und einer Karoschleife. Das geht so schnell, das können Sie auch für eine große Gästeschar basteln!

416 LUFTIG Ein edler Lichterkranz wird von einer neutralen Illuminationsidee schnell zum jahreszeitlichen Ornament, indem Sie Sternanis und Zimtstangen an Silberdraht darüber schlingen.

417 FESTLICH Auch vor dem Haus darf Lichterglanz in der Weihnachtszeit nicht fehlen – vor allem, wenn Sie Gäste erwarten. Ein Weidenkranz mit Moos belegt und mit vier Teelichtern in alten Marmeladengläsern bestückt sieht an sich schon sehr verträumt aus. Der große Silberstern in der Mitte macht das Ensemble jedoch noch viel festlicher.

418 WINTERLICH Auch im Garten weihnachtet es sehr: Füllen Sie ein Körbchen mit einer Outdoorlichterkette und Kiefernzapfen – ein Hauch Sprühschnee, und schon sieht alles winterlich aus.

420 UMWUNDEN Schlichte weiße Kerzen werden mit Geschenkband umwunden oder mit Glitterliner bemalt zu echten Kostbarkeiten. Setzen Sie einzelne Wachsperlen oder Strasssteine auf, und schon sind die Schmuckkerzen fast zu schön zum Verschenken.

419 SCHLICHT Deko aus der Natur: Ein verzweigter Ast, auf einem Holzbrett befestigt, wird zum Leuchter. Die Kerzen sitzen in silbernen Tellerchen, silberne Christbaumkugeln nehmen das Funkeln der Flammen auf.

DURCHLEUCHTET Kleine Kronen zum Fest der Feste? So funktioniert's: Transparentpapier großzügig um Windlichtgläser gewickelt und bis zum Glasrand in Zacken eingeschnitten. Winden Sie einige Satinbänder um die Leuchtgläser. Sterne und Multiflorabeeren vervollständigen das Bild aus Licht und Schatten. Königlich!

AKKURAT Aus festem Transparentpapier lassen sich effektvolle Windlichthüllen falten. So schöne Lampions erhalten Sie aber auch im Asia-Laden oder auf dem Weihnachtsmarkt. Gönnen Sie sich ein schönes Adventslicht!

UMRANKT Ein Hängeleuchter über dem Esstisch ist etwas Herrliches. Mit roten Beeren bekränzt und mit kleinen Äpfelchen und Girlanden versehen wird er geradezu paradiesisch. Lassen Sie sich zu dieser Idee verführen?

ROT-WEISS Wenn es schnell gehen muss, binden Sie doch einfach ein paar Fliegenpilze aus dem Floristikbedarf mit Karoband an ein Marmeladen- oder Trinkglas. So schnell haben Sie ein feines Windlicht. Etwas Grün dazu – Efeu, Buchs oder Tannengrün – und schon ist die weihnachtliche Beleuchtung hübsch inszeniert.

MINIMAL Ein Weihnachtsbaum darf nicht fehlen! Wer wenig Platz hat kann natürlich auch auf eine Kerze in Christbaumform zurückgreifen. Mit ein paar Zuckerplätzchen andekoriert liegen Sie mit diesen Miniaturbaum komplett im Trend.

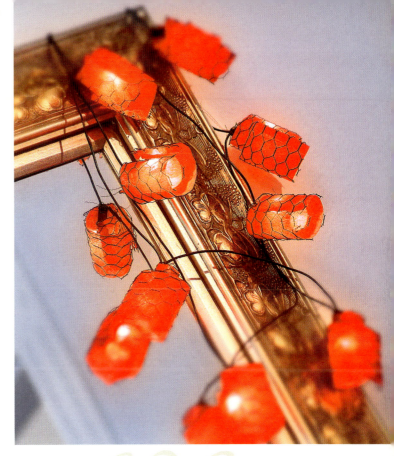

JAPANISCH Eine Lichterkette lässt sich modern individualisieren, indem Sie mit Hasendraht und Japanpapier kleine Lampenschirme drehen. Der Effekt ist großartig!

427 KULTIVIERT Eine geschmackvolle Dekoration kann auch direkt an der Kerze selbst befestigt werden: Fädeln Sie eine Christrose und etwas Irish Moos auf einen Draht. Ziehen Sie nun Wachsperlen auf den Draht auf und wickeln Sie ihn mehrfach um den Kerzenkörper. Elegant!

428 SCHIMMERND Eine große Schale voller Kugeln und Teelichter funkelt herrlich! Versuchen Sie auch die Variante in orientalischen Farbtönen: Mischen Sie Kugeln in Pink, Orange, Lila und Rubinrot. Dann sollten Sie allerdings auch rote Teelichter verwenden.

FROSTIG Eisige Windlichter: Mit einem Stupfpinsel schablonieren Sie Frost-Effekt-Farbe auf Einmachgläser. Setzen Sie den Lichtern Hütchen aus Fliegendraht auf. Hübsch, dieser Frosted-Dekor!

Ist Ihr Kind tatsächlich wunschlos glücklich? Wir haben Geschenkideen für kleine Racker, die garantiert begeistern! Aber nicht nur Sie können in diesem Jahr Ihre Kinder kreativ beschenken. Wir haben auch Vorschläge dazu zusammengestellt, was die Kleinen Oma und Opa schenken oder mit welchen Kinderbasteleien das Haus zur Weihnachtszeit dekoriert werden könnte. Schließlich ist Basteln eine traditionsreiche, stimmungsvolle, die Motorik fördernde Beschäftigung, die einfach zum Advent dazu gehört. Ob Mädchen oder Junge, ob Weihnachtsengel oder Frechdachs – hier findet sich für jeden Knirps eine Weihnachtsüberraschung!

BEMALT Der klassische Nikolausstiefel bekommt eine ganz persönliche Note, wenn man ihn mit Lackmalstiften und Permanentmarkern selbst bemalt. Rechtzeitig vor dem 6. Dezember Gummistiefel kaufen oder ausmustern, und schon kann's losgehen!

GEFLOCHTEN Kleine Flechtkörbchen voller Weihnachtsgebäck sind eine nette Überraschung. Das runde Flechtkörbchen hat ein eingewebtes Muster und besteht aus Tonpapier. Hat das Kind beim Backen geholfen, kann es ein solches Körbchen auch prima an liebe Verwandte verschenken.

BELESEN Zeit ist ein kostbares Geschenk: Sie haben heute Abend noch nichts vor? Dann nehmen Sie sich doch die Zeit für eine Vorlesegeschichte. In der Weihnachtszeit ist traditionell mehr Raum für nachdenkliche, fantasievolle oder gemütliche Momente, wie sie in unserer schnelllebigen Zeit kostbar geworden sind. Überraschen Sie Ihre Liebsten damit! Sie werden feststellen, dass Geschichten nicht nur Kindern Freude machen.

433 RÄTSELHAFT Kleider machen Leute: Überraschen Sie Ihre Kinder und buchen Sie einen echten Weihnachtsmann! In vielen Städten bieten zum Beispiel Studenten diesen Service an. In diesem Fall gibt die „Verpackung" Anlass für allerlei Rätselei – wer steckt nur in diesem Kostüm?

434 GEKNETET Bleistiftstecker lassen sich leicht und schnell aus fröhlich-buntem Fimo® kneten. Den Stift in die weiche, geformte Masse drücken und herausziehen. Dann werden Mond, Baum, Stern oder Herz im Ofen gebacken. Nach dem Erkalten kann die weihnachtliche Verzierung mit Alleskleber am Stiftende befestigt werden. So fix kann man viele kleine Weihnachtsstifte produzieren!

HANDLICH Aus alten Socken, Bastelfilz und Wackelaugen lässt sich mit etwas Fingerfertigkeit ein ganzes Sammelsurium an tollen Handpuppen nähen. Wer nicht gerne näht, kann auch Handpuppen auf dem nächsten Künstlermarkt erwerben. Mit Schaf und Esel lässt sich ein tolles Krippenspiel aufführen. Diese frechen Kerlchen haben so viel Charme, dass sie sicher ein fester Bestandteil vieler weiterer Weihnachtsfeste werden!

436 KÖNIGLICH Kleine und kleinste Prinzessinnen freuen sich sicherlich über einen Geschenkkorb in Pink. Ist die zu Beschenkende noch richtig klein, dann füllen Sie die Geschenke doch in ein pinkes Töpfchen. Hinein könnten einige Pflegeprodukte wie Shampoo oder Lotion, ein hübsches Kuscheltier und ein Stofftäschchen, denn all das brauchen kleine Ladies!

KLEIDSAM Kindersweatshirts und T-Shirts lassen sich mit aufbügelbaren Motiven schnell und unkompliziert gestalten. Wenn Sie kein Bügelbild von der Stange verwenden möchten, dann greifen Sie zu Vliesofix®: Sie schneiden das Motiv Ihrer Wahl aus Stoff aus und ein ebenso geformtes Stück des Fixiervlieses. Legen Sie die beiden Stoffe deckungsgleich auf das zu gestaltende Kleidungsstück. Das Motiv liegt oben. Dann bügeln Sie das Wunschmotiv einfach fest.

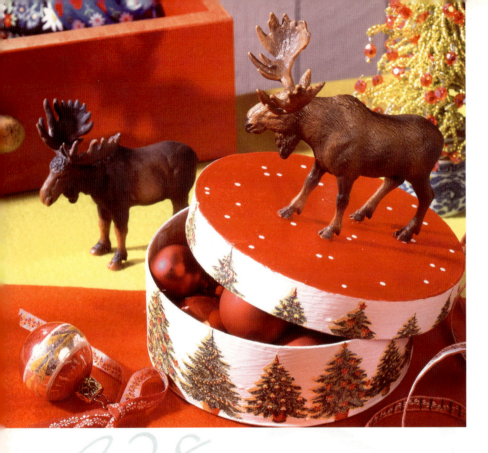

439 SÜSS Einen flotten Adventskalender können Sie fix aus 48 Muffinmanschetten kreieren. Legen Sie immer eine mit der bedruckten Seite nach oben umgestülpte in eine nicht umgestülpte Manschette. Die Zahlen lassen sich schnell anklammern. Füllen Sie nun für jeden Tag eine kleine Süßigkeit in die Förmchen. Auf einem Tablett oder einem Bilderrahmen in Szene gesetzt sind die Kleinigkeiten ein zauberhafter Anblick.

438 PLASTISCH Große Kunststofffiguren sind nicht nur ein beliebtes Kinderspielzeug. Sie sind auch sehr dekorativ. Bemalen oder bekleben Sie eine Spanschachtel und setzen Sie als Griff eine Elchfigur auf den Deckel. Damit der Klebstoff richtig hält, müssen die Hufe unter Umständen etwas angeschmirgelt werden. Ist alles gut getrocknet, füllen Sie die Schachtel mit tollen Überraschungen oder Näschereien.

ABENTEUERLICH Für kleine Seeleute bietet sich eine Schatztruhe als Weihnachtsgeschenk an, die später für Beutezüge auf allen sieben Weltmeeren weiter eingesetzt werden kann. Füllen Sie die Truhe mit einer Piratenflagge, einer Augenklappe, einem Kopftuch, einer Spritzpistole, einer Plüschratte und einigen Golddukaten aus Schokolade. Schon können Sie in See stechen und kleine Freibeuter glücklich machen!

GESELLIG Ein Adventskalender aus 24 lustigen Schneemännern ist doch mal was ganz besonderes. Hier können Kinder mitbasteln und so einen Kalender für Geschwisterkinder oder erwachsene Familienmitglieder entstehen lassen. Die Schneemänner und -frauen werden auf weißen Tonkarton gemalt und ausgeschnitten. Auf die Schneemannrückseite kommt jeweils eine leere Streichholzschachtel für eine süße Überraschung. Die Nummern 1–24 werden auf Hüte, Buttons, Herzen und Fähnchen verteilt, die an den Schneemännern festgeklebt werden.

STÜTZEND Aus weißer, lufttrocknender Modelliermasse können Sie mit Ihren Kindern schnell lustige Kerzenhalter kneten. Schlingen Sie die Arme der frechen Männchen um eine frostblaue Kerze. Die Karottennase besteht aus einem bemalten Stück Schaschlikstäbchen. Die Augen werden mit schwarzem Permanentmarker aufgetupft. Über so einen tollen Schneemann freuen sich die Großeltern garantiert, denn er schmilzt nicht.

PUTZIG Diese Schneemänner sind eine niedliche Tischdekoration, die man den gesamten Winter über immer wieder einsetzen kann. Aus Wattekugeln, einer Filzkarotte und einem Zylinder aus dem Bastelgeschäft wird mit etwas Klebstoff schnell so ein netter kleiner Mann gemacht. Kinder können dabei helfen, den Zylindern mit den Fingerspitzen oder einem Wattestäbchen bunte Tupfen aus Acrylfarbe zu verleihen. Stimmen Sie den Schal aus einem Geschenkband mit der Farbe Ihrer Servietten ab.

FROSTIG Rollen Sie mit Ihren Kindern im Garten oder im Park drei große Schneekugeln und setzen Sie diese aufeinander. Blitzschnell entsteht so ein echter Schneemann. Mit Zapfen, einer Karottennase und Zweigen dekoriert wird er zu einer individuellen Persönlichkeit. Soll der Schneemann Besucher vor Ihrer Haustüre überraschen, dann binden Sie ihm doch ein schönes Geschenkband oder einen alten Schal um. Als Hut kann ein Blumentöpfchen oder eine ausgediente Mütze fungieren. Was für ein winterlicher Familien-Spaß!

445

BEHÖRNT Kleine Forscher, Naturentdecker, Dompteure und Großwildjäger freuen sich über einen Besuch im Tierpark. Ein Gutschein hierfür ist schnell gemacht: Zuerst wird der Gutschein geschrieben und an einem Schaschlikstäbchen festgeklebt. Grundieren Sie einen Blumentopf mit weißer Acrylfarbe. Ist diese getrocknet, setzen Sie rote Punkte auf. Verkleiden Sie nun den oberen Rand des Töpfchens mit einem Kunstfell- oder Watterand. Nun kann das Töpfchen mit weißem Granulat oder mit Gipsmasse befüllt werden. Stecken Sie das Gutscheinfähnchen, einige Dekofliegenpilze und das Lieblingstier des Zoofreundes oben auf.

GEHEIMNISVOLL Machen Sie Ihren Kindern eine Freude zum Nikolaustag und stellen Sie ein weihnachtliches Tastspiel für sie her. Dazu schneiden Sie kleine quadratische Karten aus Karton aus. Auf diese kleben Sie nun verschiedenste Dinge aus dem vorweihnachtlichen Alltag – ein Stück Bienenwachs (mit Wabenmuster), eine halbe Walnussschale, Engelshaar und vielleicht etwas Sternanis? Stecken Sie die Kärtchen dann in einen kleinen Beutel und lassen Sie Ihre Kinder reihum hineinfassen. Sie können nun raten, welches Geheimnis sich hinter den Konturen und Strukturen verbirgt. Ist ein Rätsel zu schwer, so können Sie kleine Tipps geben, zum Beispiel die Farbe oder Konsistenz eines Gegenstandes nennen.

KUGELRUND Aus Wollresten vom letzten Strickprojekt lassen sich blitzschnell lustige Pompons wickeln. Pompontiere sind prima zum Spielen und als Kinderzimmerdekoration. Natürlich lassen sich nicht nur kluge Eulen, sondern auch kleine Bären oder wilde Löwen wickeln. Achten Sie darauf, die Augen fest anzunähen, damit kleine Kinder sie nicht verschlucken können!

HERZLICH Solche Weihnachtsüberraschungen haben Kinder in Skandinavien an ihren Türklinken hängen. Sie werden aus Papier geflochten. Das benötigt etwas Geschick, ist aber eigentlich kinderleicht. Papier wird doppelt gelegt, sodass man ein Quadrat und einen anschließenden Halbkreis aufzeichnen kann. Das Quadrat wird von der Faltkante aus in sechs gleiche Streifen geschnitten. Zwei solcher Herzhälften werden miteinander verwoben und schon hat man ein Täschchen für süße Kleinigkeiten.

PLÜSCHIG Kleine Damen wissen, was man in diesem Winter trägt! Großartig ist ein knallpinker Muff aus weichem Plüsch. Das Innenfutter ist kariert. Ein kleiner Streifen des Futterstoffs dient dem Eisbärbaby als Schal, damit es nicht friert, wenn es oben auf dem Muff mitreitet (mit einigen Stichen durch die Pfoten fixieren).

KLASSISCH Ein Fröbelstern ist schnell aus Papierstreifen geflochten. Ein besonderes Geschenk ist ein Türkranz für die Mama oder Oma aus acht dieser plastischen Sterne. Kleine Punkte mit Glitterliner aufsetzen – festlich!

452 BEHÜTET Lustige Nikolausmützen lassen sich schnell aus Tonkarton basteln. Ein Pompon an die Spitze und Kunstfell als Rand. Schon kann man kleine Geschenke darunter verstecken oder ein bisschen Theater spielen.

451 PERSÖNLICH Weihnachtsmarmeladen im Glas werden zu richtigen Hinguckern, wenn man sie mit einem Fotoetikett verziert. So weiß jeder, für wen der Inhalt ist (auch wenn derjenige noch nicht lesen kann), oder wer die Marmelade eingekocht hat. Natürlich sollte auch ein lustiger, langstieliger Marmeladenlöffel nicht fehlen. Binden Sie ihn einfach mit einem Satinband am Marmeladenglas fest. Der Deckel des Marmeladenglases wird gepolstert und dann mit Stoff bezogen. So sieht die Leckerei noch hochwertiger aus.

FRECH Kleine Papierwichtel sind etwas für Faltexperten. Aber Wichtel gibt es ja in vielen unterschiedlichen Formen und Kulturen. In Skandinavien gehören sie beispielsweise zum Weihnachtsfest dazu – man kocht ihnen Grießbrei und stellt ihn für die kleinen Racker bereit. Oft verkleiden sich Kinder auch als „Nisse" und machen dann allerlei Schabernack. Greifen Sie doch auch einmal Traditionen anderer Länder auf und überraschen Sie Ihre Kinder damit.

ANBETUNGSWÜRDIG

Eine Krippe mit Maria, Josef und dem Jesuskindlein ist schnell aus Hexentreppen gefaltet. Die Köpfe bestehen aus Wattekugeln, die liebevoll mit Acrylfarben bemalt wurden. Eine solche Krippe ist einfach, geht schnell und ist extrem günstig. Lassen Sie doch Ihre Kinder daran basteln, während Sie ihnen die Weihnachtsgeschichte aus dem Lukasevangelium erzählen. Die Umgebung können Sie mit einigen Naturmaterialien andeuten.

WEIT GEREIST Die heiligen drei Könige, Kaspar, Melchior und Balthasar, lassen sich ebenfalls aus Hexentreppen und Wattekugeln basteln. Wichtig ist natürlich auch der Weihnachtsstern, der den drei Weisen den Weg aus dem Morgenland nach Bethlehem weist. Die Geschenke, die die drei dem Christkind mitbringen, wurden mit Konturenfarbe in Rot und Gold verziert.

SPIELERISCH Wenn Sie nicht so gerne basteln, dann gehen Sie doch einfach mit Ihren Kindern am Heiligen Abend zum Krippenspiel. Falls Ihre Kinder nicht nur zusehen möchten, können sie natürlich auch selbst aktiv werden: Oft bieten Kinderkirchen auch theaterbegeisterten Kindern aus anderen Gemeinden Plätze in ihrem Weihnachtsstück an. Es kann also nichts mehr schief gehen!

457 LECKER Nichts geht über selbst gebackene Weihnachtsplätzchen! Suchen Sie doch einige einfache Sorten aus Ihrem Sortiment heraus und veranstalten Sie mit Ihren Kindern einen süßen Backnachmittag. Simple Ausstecher lassen sich beispielsweise schnell mit buntem Zucker verzieren. Stolze kleine Bäcker können für die Lehrerin oder den Sporttrainer auch gerne mal ein Tütchen mit Näschereien zusammenstellen.

458 EINGETÜTET Selbst gefaltete Tüten und Umschläge eignen sich hervorragend als Geschenkverpackung. Dazu kann man altes Geschenkpapier oder Kalenderblätter verwenden. Mit einem breiten Marker wird der Name des Geschenkempfängers aufgeschrieben. Weihnachtlich werden die Tüten, indem man ihnen Kosmetikpads als Bommel aufklebt und kleine Sternaufkleber auf das Papier setzt. Auch eine Schleife sollte nicht fehlen.

FARBENFROH Puppenmuttis freuen sich sicher riesig über einen Picknickkorb für Ihre Schützlinge. Natürlich sollte der kleine Koffer eine hübsche Tischdecke, Geschirr und Trinkhalme enthalten. Um möglichst kalorienfrei um die vielen Kaffee-Einladungen herum zu kommen, die nun folgen werden, sollten Sie möglichst Nahrungsmittel aus Filz wählen (beispielsweise Muffins, Petit Fours und ein Sandwich von HABA®). Auch etwas Knabberschmuck aus Zucker für die kleine Gastgeberin sollte nicht fehlen.

460 FRÖHLICH Grußkarten für die liebe Verwandtschaft können schon ganz Kleine gestalten. Ein buntes A4 Tonpapier in der Mitte falten, sodass eine A5 Karte entsteht. Mit einer Zackenschere aus Bastelfilz kleine Rechtecke ausschneiden – oder auch mal eine Nikolausmütze. Helfen Sie Ihrem Kind dabei, kleine Schleifen aus Satinband um die „Päckchen" zu binden. Ab und zu kann auch ein kleiner Pompon aufgesetzt werden. Diese bunten, fröhlichen Karten gehen schnell und sind an sich schon kleine Geschenke.

461 GENÄHT Erste Erfahrungen im textilen Werken können Kinder mit diesem niedlichen Weihnachts-Elch machen. Helfen Sie Ihrem Kind dabei, einen Elchkörper doppelt auszuschneiden (einmal davon gegengleich), ihn mit einem stabilen Wollfaden zusammenzuheften und ihn mit Füllwatte auszustopfen. Dann bekommt der weiche Freund noch seine vier Beine angesetzt. Fixiert werden diese jeweils über einen schlichten Knopf. Geweih und Schwänzchen sind aus Chenilledraht. Diesen sollten Sie selbst am Flauschtier annähen, das erfordert etwas Geschick. Ein Knopfauge und ein Satin-Halsband mit Glöckchen komplettieren den hübschen Kerl.

WÄRMEND Auch eine Mütze mit Schild und Kuschelohren für wilde Jungs lässt sich mit etwas Erfahrung selbst stricken. Der neueste Trend ist das Stricken mit anschließendem Verfilzen. Achtung! Dabei schrumpft die Wolle sehr, achten Sie also was die Wollmenge angeht auf die Herstellerangaben. Benutzen Sie dazu Spezialwolle. Diese lässt sich meist schon bei 40°C ganz einfach in der Waschmaschine verfilzen

Joachim Ringelnatz hat die Krux der Vorweihnachtshektik auf den Punkt gebracht: „Die besinnlichen Tage zwischen Weihnachten und Neujahr haben schon manchen um die Besinnung gebracht." Wenn man sich alle vorangegangenen Kapitel dieses Buches ansieht, dann weiß man, wie viel Arbeit die Wochen vor dem Heiligen Abend füllt. Und oft meldet sich gerade zum Fest ein spontaner Gast an, muss ein Geschenk in letzter Minute her oder eine Dekoration kindersicher abgeändert werden. Bisher war guter Rat in solchen Situationen teuer – das ist jetzt vorbei! In unserem letzten Kapitel widmen wir uns den Last-Minute-Sorgen des Weihnachtsmannes und geben Ihnen einen Ideenfundus an die Hand, mit dem Sie auch in Stressphasen Ihre festliche Stimmung nicht verlieren. Denn eines ist in jedem Jahr sicher: Weihnachten kommt schneller, als man denkt!

BEMALT Kieselsteine und andere schöne Fundstücke lasen sich mit goldener Acrylfarbe schnell bemalen. Wählen Sie dazu stilisierte, schlichte Motive. Ein Stern oder eine Weihnachtstanne eignet sich hervorragend. Die so gestalteten Steine können – je nach Größe – als Tischdekoration dienen oder den Eingangsbereich schmücken.

UMFUNKTIONIERT Goldene Christbaumkugeln einfach mal als Vase verwenden. Den Aufhänger vorsichtig abschrauben, Wasser einfüllen und eine zarte Christrose hineinsetzen – so haben Sie schnell eine äußerst edle Blumendeko für Ihre Festtagstafel.

BEFLÜGELND Eine zarte Girlande aus Engelsflügeln ist rasch gemacht und kann Türrahmen, Geschenke, die Tischmitte, aber auch den Weihnachtsbaum schmücken. Doppelseitige Klebefolie beidseitig mit hübschem Papier bekleben und Flügelpaare ausschneiden. Eine Moosgirlande mit einer Thujagirlande verzwirbeln. Die Flügelpaare mittig mit der Girlande umwickeln. Fertig!

BESCHNEIT Bemalen Sie alte Punschgläser vom Trödelmarkt mit Glasmalfarbe. Am unproblematischsten sind einfache weiße Tupfen, die an Schneeflocken erinnern. Die so aufgehübschten Gläser sind ein tolles Geschenk für liebe Freunde und zieren den Tisch zur tea time.

467

HÖLZERN Kleine Spanschachteln werden mit einem Glanzbild auf dem Deckel zu einer nostalgischen Spontanverpackung. Etwas Seidenpapier hinein, und schon kann Weihnachtsgebäck oder eine liebe Kleinigkeit stilvoll verschenkt werden.

468 WILD Jagdliches am Bande: Geweih und Hirsch aus weißer Pappe sind schnell ausgeschnitten und zieren an einem hellgrünen Satinband den Weihnachtsbaum vortrefflich. Na dann, Waidmanns Heil!

468 PACKEND Kleine Faltschnittsterne und -schneeflocken aus Kopier- und Tonpapier machen auch das schlichteste Päckchen zu einem liebevollen Weihnachtsschatz. Einfach unter das Geschenkband klemmen!

INSTANT Weihnachtsfeeling aus der Dose – wo gibt's denn so was? Füllen Sie eine Dose, am besten eine mit aktuellen Polkadots, mit Sand und bedecken Sie diesen mit saftig grünem Moos. Stecken Sie nun flugs vier dünne Floristenkerzen hinein. Ein paar kleine Fliegenpilze mit Drahtfuß dazwischen, und schon ist der Instant-Adventskranz fertig!

MEDITERRAN Auch aus Küchenkräutern lässt sich ein Kränzchen improvisieren, beispielsweise aus Rosmarin. Einfach mit etwas Draht zum Kreis fixieren und die Nahtstelle mit einem Band verbergen. Grün, Rot und Weiß sind dabei die Klassiker. Stimmen Sie das Ensemble aber ruhig farblich auf Ihre Wohnaccessoires ab.

NUSSIG Für einen natürlichen Weihnachtsbaum bietet sich Baumschmuck aus Nüssen an. Einfach ein paar Walnüsse weiß lasieren, also mit stark verdünnter weißer Acrylfarbe bemalen, trocknen lassen und anschließend mit einem hübschen Band in die Tannenzweige binden. Eventuell das Band mit etwas Klebstoff an der kleinen Nuss fixieren. Selbstverständlich funktioniert das auch mit Erd- und Paranüssen.

473 ORNAMENTAL Stab- und Stumpenkerzen lassen sich mit einem Snow-Pen, einem Pearl-Marker oder mit einem Kerzen-Pen schnell und eindrucksvoll verzieren. Malen Sie einfach ein Ornament oder ein Rankenmuster auf und schon ist ein kleines Dekorationselement oder ein Blitzgeschenk entstanden.

474 DUFTEND Baumschmuck aus der Natur: Schnelle Sterne aus Zimtstangen und Silberdraht lassen sich mit etwas Fingerfertigkeit leicht selber machen. Mmh! Wie das duftet!

475 ÜBERRASCHEND

Süße Kleinigkeit: Da freuen sich Groß und Klein! In der Nacht auf den 6. Dezember rot-weiße Zuckerstangen mit einem Wollfaden an die Türklinken aller Familienmitglieder binden. Ein Klassiker, der bezaubert!

BESCHRIFTET 476

Namensschilder für die Weihnachtstafel oder das Geschenk im Gabenberg unter dem Baum sind flott und eindrucksvoll gemacht, indem Sie Christbaumkugeln schwungvoll beschriften. Dazu eignet sich ein Lackmalstift in weihnachtlichem Gold.

477 KROSS Kulinarisch dekorieren: Mit Keksausstechern Sterne und Weihnachtsbäume aus Toast ausstechen und auf die Teller der Gäste legen. So wird jede schnelle Suppe zum ausgefallenen Weihnachtsschmaus!

478 EINGEMACHT Glücksschweine und fröhliche Punkte kommen besonders hübsch zur Geltung, wenn sie mit originellen Kerzenleuchtern kombiniert werden. Füllen Sie einige Einmachgläser mit Minidiskokugeln und Flittersternen. Oben auf den gläsernen Deckel setzen Sie jeweils eine getupfte Stumpenkerze. Die Glücksschweinchen können mit ihren Ferkelchen drum herum tollen.

479 LAUT Eine lustige englische Tradition sind die Knallbonbons zum Heiligen Abend. Sie bringen Schwung in jede Runde und können mit ihrem frechen Inhalt für viel Heiterkeit sorgen. Machen Sie doch in diesem Jahr die guten Stücke selbst und schreiben Sie die Namen Ihrer Gäste darauf. Dann erhält jeder die ihm zugedachte Botschaft und für Tischkärtchen ist auch schon gesorgt.

WOHLRIECHEND Leuchtendes Obst, hat man so was schon gesehen? Ausgehöhlte Orangen bekommen mithilfe kleiner Keksausstecher schnell aparte Muster eingestanzt. Duftende Deko, die begeistert!

BIOLOGISCH Mit Lebensmitteln spielt man nicht? Das denken Sie! Orangen und Nelken eignen sich vorzüglich als herrliche Weihnachtsdekoration. Beim Spicken der runden Früchte darf man seinem Spieltrieb freien Lauf lassen. So entstehen Spiralen, Herzen und Sterne. An einem Draht, der durch das Fruchtfleisch geschoben wird kann man die Biokugeln ins Fenster hängen.

VIELSEITIG Ein Päckchen für Lausbuben: Mit einem Bommel verziert, ist so ein Geschenk doch gleich noch attraktiver! Die improvisierte Christbaumkugel wird aus vielen Papierkreisen zusammengeklebt und an ihren Rändern mit Silberglimmer verziert. Wer viel zu sagen hat, kann die so entstandene vielseitige Weihnachtskarte mit Grüßen füllen.

VERBORGEN Überraschendes Wunderknäuel: Wer eine Freundin hat, die gerne Handarbeiten macht, kann zu diesem Adventskalender greifen, um ihr eine Freude zu machen. 24 Wollknäule sind eine nette Idee. Wenn Sie dann noch kleine Süßigkeiten in Ihre Wollreste wickeln, macht das Stricken, Häkeln und Sticken gleich noch mehr Spaß!

HIMMLISCH Himmlische Heerscharen subito! Mithilfe einer Engelsschablone können Sie Ihre Fensterbänder, Rollos oder Gardinen schnell und unkompliziert weihnachtlich ausgestalten. Die Schablone fixieren, Textilfarbe aufwalzen, die Schablone wieder abziehen und den Engel trocknen lassen.

HERZLICH Herzenssache: Schneiden Sie Herzen aus Bastelfilz und Tonkarton aus und verzieren Sie diese mit Satinrosen und hübschen Bändern. Wenn Sie mit Textilkleber arbeiten, geht das blitzschnell. Die Herzen können nun an einer Kordel als Girlande die Küche zieren, an Tür- und Fensterknäufe gehängt werden, den Baum schmücken oder auf Päckchen für Lieblingsmenschen gebunden werden.

GENUSSVOLL Zum Genießen verpflichtet! Richten Sie kleine Schokoküsse auf einer Etagere oder Tortenplatte baumförmig an. Kleine Nikoläuse, Weihnachtsbäume und Fliegenpilze aus Zucker mit Zuckerguss fixieren. Etwas Puderzucker darüber sieben. Fertig ist die Deko, die zum Naschen verführt.

488 FEIN So kommen Sie schnell an individuellen Weihnachtsschmuck: Glaskugeln mit Schneeflockenbordüre, Federn und Strasssteinen gestalten. Weidenkränzchen mit Filzbändern oder Großmutters Spitze umwickeln. Scheinbar schwerelos!

487 GRAZIÖS Himmlisches Spitzen-Team: Glaskugeln je nach Größe mit verschieden großen Swarovski®-Hotfixsteinen besetzen. Besonders zart sieht das auf glasklaren Christbaumkugeln aus!

SPITZENMÄSSIG Kerzen mit Spitzen umwickeln. Das Spitzenband etwas überlappen lassen und am besten mit Holzleim befestigen. So werden das Lichtquellen der Spitzenklasse: Achten Sie darauf, hochwertige, gegossene Kerzen zu wählen, das wirkt besonders edel.

DEKORATIV Auf Silberkufen: Die alten Schlittschuhe von Oma und Opa, aus dem Keller gekramt oder vom Flohmarkt, mit einem schönen Satinband verzieren und ans Treppen- oder Balkongeländer hängen – einfach zauberhaft, diese Winterdekoration!

491 KLEINTEILIG Weihnachtsdeko in letzter Minute: Funktionieren Sie eine Muffinform zum Setzkasten um. Mit Moos, Zapfen, Pilzen, Hirschen und einigen Kerzen bestückt wird die Backform zum zentralen Blickfang auf dem Esstisch.

REINIGEND Blitzverpackung: Etwas Kosmetik oder ein Wellnessgutschein lässt sich stilecht in einem Waschlappen verpacken. Mit einer rot-weißen Kordel wird dieser schnell zum Nikolaussack. Clippen Sie einen Kerzenhalter an die Kordel und schieben Sie außerdem zwei Kerzen unter. So kommt Weihnachtsstimmung auf!

GELASSEN Aus Fotokarton lassen sich kleine und große Elche ausschneiden. Wenn Sie diese doppelt arbeiten und mit einem Rückensteg versehen, können die eindrucksvollen Geweihträger sogar stehen! Ganz ruhig und gelassen bevölkern die Waldgiganten so Ihre Weihnachtsstube.

495 AUSGEDIENT Alte Glühbirnen haben in diesem Jahr ihren großen Auftritt: Mit Glasmalfarben bunt bemalt und mit fröhlichen Bändern bestückt werden sie zu witzigem Christbaumschmuck.

494 GENADELT Stanzen Sie mit einem Keksausstecher kleine Sterne aus bunten Wachsplatten. Mit Stecknadeln können Sie diese Sterne nun an Kerzen befestigen. In kleine Madeleineformen geklebt und mit Filz kaschiert sehen diese Sternkerzen absolut großartig aus!

486 ZWANGLOS Die Weihnachtsparty im Büro soll ganz zwanglos werden? Dann verzichten Sie doch in diesem Jahr auf eine Tischdekoration und feste Plätze. Eine Stehparty tut's auch – vor allem, wenn die Getränke so originell verziert werden. Was ist schon wichtiger als Leben, Lieben, Lachen?

487 ZACKIG Schneiden Sie große Sterne aus Bastelfilzplatten in Ihren Lieblingsfarben aus und bemalen Sie diese mit silbernem Glitterliner. Mit Textilkleber oder ein paar schnellen Stichen werden die Himmelskörper an verschiedenfarbige Satinbänder geheftet. Diese Bänder können nun Wand oder Fenster schmücken. Wow!

ERHÄLTLICH Außer Moos nichts los? Ihnen ist nach Adventsfloristik, die Blumengeschäfte haben aber schon geschlossen? Kaschieren Sie einen Strohkranzrohling mit Moos und Bindedraht. Auf verschieden lange Stücke dünnen Golddrahts fädeln Sie nun bunte Perlen und Strasssteine auf. Umwinden Sie damit den Mooskranz und lassen Sie die Drahtenden etwas abstehen.

VITAMINREICH Formenvielfalt für Vitamine! Der Kühlschrank gibt nichts außergewöhnliches her, aber plötzlich steht Weihnachtsbesuch vor der Tür ... da hilft nur Obstsalat mit Pfiff: Mit einer Keksform kleine Sterne aus den Äpfeln stechen – so wird der Salat zum Sterntaler-Erlebnis!

SPONTAN Sie sind einfach nicht der Typ für aufwendige Blumengestecke? Überraschen Sie Ihre Gäste doch hiermit: Für jeden Gast eine Müslischüssel mit Alpenveilchen füllen und eine Christbaumkugel in die Mitte setzen. Besonders schön ist das in kühlen Farben wie Silber, Weiß und Pink!

WEIHNACHTLICHE KREATIVIDEEN

In diesen Büchern finden Sie viele weitere Bastel- und Dekorationsideen. Schmücken Sie Ihr Zuhause weihnachtlich, fertigen Sie kleine Geschenke an oder verbringen Sie einfach ein paar entspannende Stunden mit Ihrem Lieblingshobby. Viel Spaß dabei!

Topp 3779
978-3-7724-3779-3

Topp 3782
978-3-7724-3782-3

Topp 3788
978-3-7724-3788-5

Topp 3866
978-3-7724-3866-0

Topp 3868
978-3-7724-3868-4

Topp 5552
978-3-7724-5552-0

Topp 5560
978-3-7724-5560-5

Topp 5575
978-3-7724-5575-9

Topp 5577
978-3-7724-5577-3

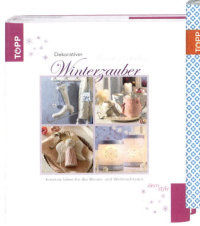

Topp 5522
978-3-7724-5522-3

Topp 5573
978-3-7724-5573-5

Topp 5574
978-3-7724-5574-2

Topp 5153
978-3-7724-5153-9

Topp 5550
978-3-7724-5550-6

Topp 6723
978-3-7724-6723-3

Topp 6730
978-3-7724-6730-1

IMPRESSUM

MODELLE: Annette Bayer (S.25, 26), Monika Berger (S.56, 69), Sandra Blum (S.64), Mariane Curkovic (S.21), Petra Dechêne (S.14, 15, 252), Miriam Dornemann/Anja Wägele (S.87), Elisabeth Eder (S.141, 273, 284, 285), Ildikó Götze (S.40, 41, 46, 71, 72, 140, 143 (beide), 163, 166, 167, 170, 191, 193, 194, 245, 250, 251, 257, 302, 311), Gisela Heim (S.135, 136, 138, 139), Sigrid Heinzmann (S.63, 76, 88, 121, 126), Beate Hilbig (S.24, 30), Sabine Hörtensteiner (S.85, 90, 100), Sieglinde Holl (S.59, 73, 114, 137, 190, 236), Barbara Huber (S.20, 258, 260, 267), Ute Iparraguirre de las Casas (S.127, 134) Jette Johann (S.215, 215, 224 (beide), 227 (beide), 232, 233), Jette Johann/Thomas Gröhbühl (S.225, 226 (beide)), Gudrun Kaenders (S.186), Angelika Kipp (S.125), Nadja Knab-Leers (S.10, 12, 13, 16, 17, 18, 19, 22, 23, 28, 29, 32 (beide), 33, 34, 35, 38, 42, 43, 44, 47, 55, 60, 62, 74, 75, 78, 96 (beide), 142, 152, 157, 244, 244, 276, 279, 291, 297, 310 (beide)), Ute Krämer (S.114), Liane Kühn (S.53, 65, 150, 159, 164, 168), Helene Ludwig (S.315), Kornelia Milan (S.15, 67), Roswitha Oehler (S.210 (beide), 216 (beide), 228 (beide)), Pia Pedevilla (S.50, 89, 118, 120, 132), Friederike Pfund (S.293), Alice Rögele (S.187, 192, 195, 240), Heidrun Röhr (S.14, 131), Heike Roland/Stefanie Thomas (S.97, 246), Eleonore Schick (S.179), Martina Schröder/Marion Vogel (S. 79, 84 (beide), 97, 99 (beide), 100, 101 106, 107 (beide), 108, 110), Eva Sommer (S.50, 156), Tanja Steinbach (S.20, 31), Stefanie Steinle (S.110), Edina Stratmann (S.11, 39, 42, 58, 66, 68, 70 (beide), 77, 153, 309), Armin Täubner (S.45, 98, 265, 287, 288, 289, 313), Armin Täubner/Inge Walz (S.116, 130 (beide), 242, 243), Margarete Vogelbacher (S.221, 237), Susanne Wicke (S.283), Dorothee Zepp (S.56, 316), Thomas Gröhbühl (S.214, 214, 233), Flora Press Agency GmbH, Hamburg (alle übrigen).

FOTOS: frechverlag GmbH, 70499 Stuttgart; Aschaeh Khodagakhshi, Schwäbisch Gmünd (S.56, 69); Foto Rapid, Bruneck/Südtirol (S.89); Lichtpunkt, Michael Ruder, Stuttgart (S.16, 17, 18, 19, 22, 23, 27, 28, 29, 32, 33, 34, 35, 38, 40, 41, 42, 43, 44, 46, 55, 60, 71, 72, 79, 83 (beide), 84 (beide), 87, 96 (beide), 97, 99 (beide), 100, 101, 104, 106, 107, 108, 110 (beide), 111 (beide), 140, 142, 143 (beide), 163, 166, 167, 170, 179, 191, 194, 210 (beide), 214 (beide), 215 (beide), 216 (beide), 221, 224 (beide), 225, 226 (beide), 227, 228 (beide), 232, 233 (beide), 237, 245, 246, 250, 251, 257, 273, 275, 276, 279, 283, 284, 285, 291, 302, 311); Ullrich Co., Renningen (S.10, 11, 12, 13, 14 (beide), 15, 20 (beide), 21, 24, 25, 26, 30, 31, 39, 42 (beide), 47, 50 (beide), 53, 56, 58, 59, 62, 63, 64, 65, 66, 67, 68, 70 (beide), 73, 74, 75, 76, 77, 78, 85, 88, 90, 97, 98, 100, 114 (beide), 116, 118, 120, 121, 125, 126, 127, 130 (beide), 131, 132, 134, 135, 136, 137, 138, 139, 141, 150, 152, 153, 156, 157, 159, 164, 168, 186, 187, 190, 192, 195, 236, 240, 242, 243, 244 (beide), 252, 258, 260, 265, 267, 287, 288, 289, 293, 297, 309, 310 (beide), 313, 315, 316); Flora Press Agency GmbH, Hamburg (alle übrigen Fotos).

PRODUKTMANAGEMENT UND LEKTORAT: Anja Detzel und Andrea Wurdack
GESTALTUNG: Arnold & Domnick (Inhalt)
DRUCK UND BINDUNG: Mohn media, Mohndruck GmbH, Gütersloh

Materialangaben und Arbeitshinweise in diesem Buch wurden von den AutorInnen und den Mitarbeitern des Verlags sorgfältig geprüft. Eine Garantie wird jedoch nicht übernommen. AutorInnen und Verlag können für eventuell auftretende Fehler oder Schäden nicht haftbar gemacht werden. Das Werk und die darin gezeigten Modelle sind urheberrechtlich geschützt. Die Vervielfältigung und Verbreitung ist, außer für private, nicht kommerzielle Zwecke, untersagt und wird zivil- und strafrechtlich verfolgt. Dies gilt insbesondere für eine Verbreitung des Werkes durch Fotokopien, Film, Funk und Fernsehen, elektronische Medien und Internet sowie für eine gewerbliche Nutzung der gezeigten Modelle. Bei Verwendung im Unterricht und in Kursen ist auf dieses Buch hinzuweisen.

Auflage: 5.   4.   3.   2.   1.
Jahr: 2014 2013 2010 2011 2010   [Letzte Zahlen maßgebend]

ISBN: 978-3-7724-5572-8
Best.-Nr. 5572

© 2010 frechverlag GmbH, 70499 Stuttgart